大展好書　好書大展
品嘗好書　冠群可期

大展好書　好書大展

品嘗好書　冠群可期

武術特輯 154

侯氏太極拳用法解析

附DVD

張昱東
艾光明　著

大展出版社有限公司

武當太極第十二代宗師
侯春秀先生

當代太極拳大師
侯轉運先生

作者與侯轉運老師合影（左起艾光明、侯轉運、張昱東）

侯轉運練太極劍

在侯春秀先師墓前

侯氏太極拳聯誼會

前　言

　　本書是為希望進一步提高太極拳技術水準的太極拳愛好者而作。太極拳技擊實戰是一種方法和手段，其目的是要達到內外相合的較高級水準。我們透過一定時間的拳架練習，可以做到上下一致、左右前後協調等在身體上相合的水準，即達到以手與腳合、肘與膝合、肩與胯合為代表的上下相合的能力，但對願意鑽研和修煉太極拳高功夫的愛好者來說，這個水準還屬初級，還是遠遠不夠的。在此基礎上，實踐太極拳技擊訓練方法，則可較快地達到內外相合的較高級水準。

　　侯氏太極拳是由來自太極拳第二故鄉河南省溫縣趙堡鎮的侯春秀先生所傳，是武當派張三豐祖師六百年前所創，經由山西王宗岳傳至河南趙堡鎮蔣發，此拳在河南省溫縣趙堡鎮傳承了四百多年。為紀念張三豐所創武當派和太極拳，也紀念太極拳最重要的傳播地河南省溫縣趙堡鎮，並紀念侯春秀先生將此拳傳到西北乃至全國，故稱此太極拳為「武當趙堡侯氏承架太極拳」，表明是侯氏傳承的武當傳統太極拳，以區別於其他各式太極拳，簡稱「侯氏太極拳」。

　　侯氏太極拳以外練拳架為基礎、以內養氣功為根本，

並以打手、技擊聞名於世,故別稱「武當傳統三合一太極拳」。「三合一」訓練方法是提高太極拳技術水準的關鍵,是張三豐祖師所創的入道之法,希望廣大太極拳愛好者能學會它、掌握它,步入一脈相傳的中華太極拳的修煉正道。

參加本書拳架、打手演示的還有侯轉運老師和張占永、吳星,在此表示衷心的感謝。

目　錄

第一章

侯氏太極拳的歷史淵源和特點

一、侯氏太極拳的歷史淵源

在古代冷兵器戰爭中，敵我雙方將士面對面的格鬥是戰爭中的基本形式，由此總結發明格鬥技擊的技術，以求戰勝對方，是為武術。

武術包括器械戰鬥技術和徒手搏擊技術，徒手搏擊技術即為拳術，它既是整個武術的基礎，也是具有實用意義的技擊術。

1. 武當派張三豐祖師創太極拳

武術在春秋、戰國、秦漢和魏晉南北朝時期得到了空前的發展，但由於幾百年間頻繁的戰爭和動亂對社會生活及社會組織的破壞，武術不但難以得到技術上進一步的提高，而且在傳承上也出現中斷，以至於從史籍上來看，並沒有形成具有獨特技術特點的武術門派，各種武術傳統均處在歷史割裂及分散狀態。

到南北朝時，佛教在中原的發展達到了一個鼎盛階段，佛教發展傳播所形成的寺院組織形式，為中華武術的

保存、提高和發展提供了非常重要的條件，其中最重要的寺院就是少林寺。

從隋唐時期開始，中原各地武術開始向少林寺匯聚，經過少林寺眾僧代代不斷地研究和整理，到宋元年間，少林寺武術就成為了中原武術的集大成者，形成了中華武術的第一門派——少林派。宋元時，武術的研究達到了巔峰，由此並影響到道門。

道教的核心是性命雙修，所以，動功、導引術等都是為了強健身體及以外引內的初步修煉法門，如果武術習練不能對內功修煉有所助益的話，則他們不會被選擇，所以在道教中，武術開始並不被道士所重視，但是後來武術和道門中的動功體系相融合，自南北朝至宋朝出現了以韓拱月、許宣平、李道子、胡鏡子等為代表的如「三十七」、「先天拳」這樣的注重內練的拳術體系，從而武術則成為可以被用作為修道的一個輔助手段。

西元1368年春，三豐祖師登上武當山，結廬修觀，收徒傳道，號稱「武當派」，也被人稱做「三豐派」，此後居武當二十三年。在武當期間，三豐祖師總結了以往各種導引術及道門武功，並結合了在民間流傳的以少林派為代表的各種拳術，貫以太極、陰陽、八卦、五行之理，把原來以練習擊打力量、擊打速度和攻防技術為主旨的傳統拳術改造為以修煉內功為主的一個全新的拳種，並起名為「太極拳」。

三豐祖師所創太極拳，以「內外兼修」為其特點，它以內丹為體，養生為首，防身為要，技擊為用，全面體

現了中國古代易經哲學的「自強不息」、「厚德載物」的民族精神，負載著「陰陽易變」、「生生不已」的文化資訊和「乾坤交泰」、「簡易中和」的上乘方法；同時，處處閃耀著老子《道德經》的「反者道之動」、「弱者道之用」、「自然無為」、「返璞歸真」、「虛心實腹」的光輝思想，滲透著孫子兵法中的虛實、動靜、主客、攻守、奇正等行軍佈陣、示形造勢、隨機應變、避實就虛的克敵制勝的戰略戰術，貫穿著中醫學「天人合一」、「陰平陽秘」、「氣血調和」、「內外相合」的養生衛生思想，太極拳「心息相依，順其自然」、「以靜制動，後發制人」、「煉精化氣，煉氣化神」、「煉神還虛，合虛還道」，而達於修煉、養生、健身、技擊之上乘境界。

2. 太極拳的傳承歷史

(1)太極拳傳承的關鍵人物王宗岳

明朝中後期，武當派的太極拳法和內功修煉方法傳至王宗岳。王宗岳，字林楨，祖籍山西人，生活在明代嘉靖和萬曆朝。三豐祖師傳拳時告曰：「此拳之來歷久矣，此拳何自來矣？有歌為證。歌曰：太極之先，天地根源；老君設教，宓子真傳；玉皇上帝，正坐當筵；帝君真武，列在兩邊；三界內外，億萬神仙。今將此歌此道以及此秘訣，傳之於汝，汝必擇人而傳，不可不慎。」

王宗岳從學後苦練不輟，經多年研悟，太極拳和內功修煉達爐火純青之境。

明朝萬曆年間，王宗岳途經河南懷慶府趙堡鎮，適遇

正在練拳的蔣發。王宗岳發現蔣發的習武資質良好,適於培養,並在蔣發懇求拜師之真誠感動下,允收為徒,帶回山西家中親自培養。蔣發,河南省懷慶府趙堡鎮小留村人,生於明朝萬曆二年,即西元1574年,二十多歲時,得到王宗岳先師七年的傾囊相授。七年中他侍師如父,苦累無輟,太極功夫日長。

王宗岳精通《易經》和《道德經》等中化太極文化典籍,對張三豐祖師所著太極拳經、歌訣多有發揮與注解。蔣發不僅在太極內功、拳法技術方面得到武當派真傳,也在太極理論等諸方面得到全面培養,在學成歸里之時,王宗岳將張三豐祖師的太極拳經、歌訣、太極圖以及王宗岳自己對《太極拳經》的注解一併授予了蔣發,並再三叮囑:「汝歸家,此術不可妄傳,並非不傳,不得其人不傳,果得其人,必盡情以教之。倘得人不傳,如同絕嗣,能廣其傳更好。」

(2)太極拳在河南溫縣趙堡鎮的秘傳歷史

蔣發先師回到家鄉後,更加深入研究和磨鍊,終得修煉大成,成為太極拳第三代宗師。

蔣發嚴遵師訓,擇人而傳,他在做生意的過程中,觀察瞭解到在趙堡鎮南街關帝廟處居住的邢喜懷,為人忠厚,具有優異潛質,遂收其為徒,將太極拳和修道真法傳與邢喜懷,從此張三豐祖師所創太極拳在河南溫縣趙堡鎮紮下了根,並秘傳了四百年。

在這四百年中,太極拳在趙堡鎮代代秘傳,完整繼承了張三豐祖師的拳理、拳架和功法,故也被稱為「承架太

極拳」。第四代邢喜懷傳張初臣，張初臣傳陳敬伯，陳敬伯傳張宗禹，張宗禹傳張彥，張彥傳其兒子張應昌，之後傳其後代張敬芝，張敬芝傳侯春秀。

(3)太極拳主要門派的形成和太極拳的流傳

張三豐祖師所創武當派修煉功夫後來還傳到了浙江寧波府，繼承人為張松溪。

張松溪生活在明朝嘉靖年間，比王宗岳稍年長，他繼承武當派功夫並結合江南的武術，由此開創了武當松溪派，是為武當內家功夫南派。

由於該派中的重要傳人黃百家是明末清初的思想大師黃宗羲的兒子，所以松溪派在社會上具有一定的影響。後來由於清朝統治者對江南反清復明力量的鎮壓和防範，松溪派功夫的傳承也日漸隱秘，只在很小的範圍內秘傳。20世紀80年代後期，隨著中國改革開放的發展，松溪派的功夫才見諸書刊披露，有後世傳人繼承發揚光大。

另外，三豐祖師的太極拳在道門內仍有傳承，這種情形一直延續到20世紀，但由於20世紀前半個世紀的社會動盪和戰爭，以及六七十年代的「文化大革命」，使得道門中的太極拳傳承幾乎快中斷了。近幾年來，有少數早期道門太極拳公佈於世，還需要進一步的挖掘和繼承。

自從蔣發先師將三豐祖師所創的太極拳帶到河南溫縣趙堡鎮傳播，也影響到了距趙堡鎮數里之遙的陳家溝。陳家溝世傳炮捶等拳術，習武風氣較盛，太極拳的傳入與陳家傳統武功相結合，形成了具有彈抖發勁特點的新拳種，20世紀後，陳家後人及社會各界將其稱為「陳氏太極拳」

或「陳式太極拳」。

楊福魁，字祿禪，河北廣平府永年縣人氏，生活在19世紀，因對武術十分酷愛，而三赴陳家溝，向陳長興學習太極拳。藝成後，往北京教拳，被武林界稱為「楊無敵」，從而開創了「楊式太極拳」。經楊家後人的發揚光大，太極拳被全國及世界人民所知曉，為太極拳的普及作出了重大貢獻。

太極拳第八代宗師張彥，河南溫縣趙堡鎮人，人稱「太極神手」。他將太極拳秘技傳於他的兒子張應昌，並由張應昌代父教授陳清平拳技，稱「少師」。陳清平為趙堡鎮糧食商人，家境富有。從陳清平學拳者眾多，其中有趙堡鎮人和兆元，和家後人及一些弟子將和兆元所傳太極拳稱為「和式太極拳」。

另外，陳清平的弟子李景延創架勢獨特的「忽雷架」，陳清平的其他弟子也各有傳人。

武禹襄，河北廣平府永年縣人氏，赴河南懷慶府趙堡鎮向陳清平學習太極拳，得到趙堡鎮秘傳的太極拳譜，從而創「武式太極拳」，並使王宗岳的《太極拳論》及其他太極拳理論著述大白於天下，為太極拳的普及作了貢獻。

太極拳各主要門派的關係如15頁圖所示。

(4)一代太極拳宗師侯春秀

侯春秀，字天順，河南溫縣趙堡鎮人。生於1904年，卒於1985年，享年81歲，張三豐所創武當太極拳第十二代傳人，生前曾任西安武當趙堡太極拳研究會名譽會長。

侯春秀先師生長於清末到民國的戰亂年代，為強身健

祖　師：張三豐

第二代：王宗岳　　道門內流傳　張松溪（松溪派）

第三代：蔣　發

第四代：邢喜懷　　　　　　　　　　　陳王廷（陳式）

第五代：張初臣

第六代：陳敬伯

第七代：張宗禹

第八代：張　彥

第九代：張應昌　陳清平　　　　　　　陳長興

第十代：張金梅　和兆元　李景延　武禹襄（武式）　楊祿禪（楊式）
　　　　　　　　（和式）（忽雷架）

十一代：張敬芝　　　　　　李亦畬　　　　楊班侯　全　佑　王藍亭

十二代：侯春秀　　　　　郝為真（郝式）　楊兆祥　吳鑒泉　李瑞東
　　　　　　　　　　　　　　　　　　　　　　　　（吳式）（李式）

　　　　　　　　　　孫祿堂（孫式）　常遠亭（常式）

體，防敵禦敵，決心習武。17歲時即拜太極拳第十一代
宗師張敬芝先生為師。侯春秀先師在跟隨張敬芝老師學習
太極拳時，尊師重道，敬師如父，深得張先生的感動與器
重，故將張三豐太極拳之秘訣全盤密授於侯春秀先師。

　　侯春秀先師練拳起早貪黑，刻苦鍛鍊，細心揣摩，反
覆實踐，繼承了師業，並發揚光大，最終成為太極拳一代
宗師。20世紀30年代，侯春秀先師離開趙堡鎮，輾轉來
到陝西，先到寶雞，後又定居西安。

　　侯春秀先師精研太極拳，勤練不輟，擅長採挒跌放技法，更精散打功夫，拳技功夫造詣上已達出神入化、爐火純青之上乘境界，全面繼承了三豐祖師的上中下三盤秘法，堪稱中華太極功夫一絕，真正到了「彼不動，己不動；彼微動，己先動」，後發而先至，發敵於無形的境界。

　　20世紀50年代起，侯春秀先師打破過去秘而不傳的門規，面向社會公開教拳，大家都為他謙和的人品、高超的拳藝和獨特的教學方法所傾倒，拜師學藝者甚眾，社會各界先後前來學習者逾千人，為傳播太極拳作出了重大貢獻。其主要傳人有二子侯戰國、三子侯轉運、女侯玉娥、婿王喜元、黃江天、張玉亮、劉會峙、徐效昌、岳劍峰、李宗有、趙策、劉曉凱、王德信、羅及午、邱保平、林泉寶、張長林、張順林、裴國強等人，他們中有不少人已成為當今武術界和太極拳界有影響的人物。

　　西安武術界名家大師也多與侯春秀先師結為好友，其中關係最為密切的有趙堡太極拳名家鄭伯英和鄭悟清先生、西北梅花拳名家焦明德先生、技擊名家悟柄傑先生、西陽掌名家李秀桐先生等。

　　侯春秀先師一生心胸開闊，主張打破門戶之見，對於別門別派武友，凡來求教者，他一律熱情接待，細心指點，使他們學有所得，滿意而歸。趙堡太極拳名家鄭伯英和鄭悟清先生的弟子和學生也前來侯春秀先生處學習、請教，跟隨侯春秀先師學拳的有：劉玉英、權惠敬、王建、劉瑞、李隨成、吳本忠、郭大軍、李雙印、殷紅良、宋蘊華、張士群、孟凡夫等人，其中，劉瑞從1968年一直學

習到 1985 年，李隨成、宋蘊華也隨侯春秀先師學習達數年之久。

侯春秀先師具有高尚的仁德品格和精湛的太極拳技藝，得到了武術界同仁及學生、弟子的衷心感佩和愛戴，1985 年，侯春秀先生的去世驚動了整個陝西武術界，前來弔唁、送行的各界人士達數千人，表達出了大家對侯春秀先生深深的敬仰和懷念之情。

侯春秀先師繼承了張三豐祖師所創武當太極拳的真傳後未保守秘藏，而是將其在西安及西北等地區廣泛傳播，其弟子和學生更傳向了全國及海外，發揚光大了武當派，造福了廣大百姓，為推廣中華太極文化作了重大貢獻。為紀念他的這一功德，後人將武當傳統承架三合一太極拳也稱為侯氏承架太極拳，簡稱侯氏太極拳。

(5) 繼承、發展和創新的當代太極拳大師侯轉運

侯轉運，出生於 1957 年 8 月，並成長在這個太極拳興旺發達的時代。他目睹父親驚世駭俗的太極功夫，決心繼承父業，學到真本事，把太極拳事業發揚光大，為民造福。在其父親手把手的嚴格教授下，侯轉運先生從小就全面學習武當傳統三合一太極拳，每日堅持習練，三十多年來不分寒暑，未敢懈怠。

由於他勤學苦練，再加上得天獨厚的嚴傳家教，因而盡得其父真傳，從拳架、打手、散打、內功、養生諸方面全面繼承了太極拳功法的真諦。

自侯春秀先師去世後，侯轉運先生就擔任起傳播武當三合一太極拳的重任。二十多年來，侯轉運先生以西安為

大本營，廣泛傳播太極拳，而今弟子已遍佈海內外各地，有來自包括北京、天津、長春、哈爾濱、成都、廣東、廣西、福建、山東、山西、陝西、浙江、新疆等全國各地的太極拳及武術愛好者，也有來自加拿大、澳洲、德國、法國、日本、新加坡、韓國等國家的太極拳愛好者，至今慕名前來學習者仍接連不斷，侯轉運先生的弟子和學生可謂桃李滿天下。

侯轉運先生精湛的太極拳功夫和事蹟日益為社會各界人士所傳揚，《中國太極拳大百科》、《中國太極拳大辭典》、《華夏名人錄》、《三秦名人錄》、《武當》、《氣功與健康》、陝西電視臺、西安電視臺、西安廣播電臺等書刊以及國內外多家傳媒曾多次予以刊載、宣傳和報導，慕名前來訪問者絡繹不絕，侯轉運先生均予以熱情接待，相互切磋並給予指導，深受廣大太極拳愛好者的推崇與尊敬。

侯轉運先生被聘為西安市武術協會委員、武術教練，陝西省多所高等院校武術總教練，及多家企事業單位的顧問。

2007年，侯轉運先生主持成立「中國侯氏太極拳會」，傳播三豐祖師所創的三合一太極拳功法體系，並編著文章資料，創建「中國侯氏太極拳網」，以使廣大人民群眾能夠認識並暸解三豐祖師所原創的太極拳，從而使三豐祖師所創的太極拳更加普及，為人民健康事業作出貢獻。

二、侯氏太極拳技擊實戰的特點

侯氏太極拳完整和系統地保留著張三豐祖師所創太極

拳的原態,最具武當內家傳統特色,其技擊實戰特點是:
剛柔相濟,含而不露,輕靈圓活,上下相隨,隨屈就伸,
後發先至;順勢借力,巧擒妙拿,冷捌彈發,以寡禦眾,
令犯者應手即仆。

在打手技法上,具有完整的太極拳勁法和哼哈二氣凌
空勁無形彈放的上乘技擊功夫,是武當傳統正宗絕技。

1. 集中國武術精華之大成

中國武術,博大精深,源遠流長,自三皇五帝、夏、
商、周、秦、漢、唐、宋朝幾千年的發展,英雄輩出,後
來居上,一代更比一代強。到了元代,張三豐祖師在繼承
少林武功及諸家門派的特長優點基礎上,在總結幾千年中
國武功精華的前提下,將易經、太極、陰陽和洗髓經思想
與武術進行整合,集前人武功之大成而創造出更高水準的
新一代拳術——太極拳。

三豐祖師所創太極拳在六百年來的傳承中,一直不示
於人前,保持著秘傳狀態,其被視為「金不換」,歷代繼
承人在自家院內或屋內秘練。對於三合一太極拳功夫,前
輩有詩為證。詩云:

> 太極三合一,承架傳授稀;
> 練架軟如繩,蒠手活如龍;
> 散打出手快,進退活步行;
> 五行相生剋,動作快如風;
> 不動如山岳,動比鵝毛輕;
> 身形微一動,打人不見形;

出手軟如棉，變拳硬如釘；

蔦手心要狠，出捶如山崩；

對準發落點，捶捶不落空；

進退還要快，踢踹勾掛蹬。

2. 「急毒不覺」的實戰心態

(1)急：

急者快也。與敵交手，首先要快，快到「迅若閃電，快若疾雷」，令敵措手不及，無法防範。本拳法之「快」，又與其他拳法不同，本拳不以一拳一腳、一招一式之快為快，而是以整體變化之快，最短路徑之快，意念變化之快為快。

而欲達此目的，在拳架訓練時，必須在全身放鬆的前提下，用意不用力的長期訓練，才能漸悟「極柔軟然後極堅剛」，「緩慢圓轉而後有閃電手」之意。

拳譜云：「出手要火」，「出手似紅爐鐵」，「出手令對方膽戰心驚」，「出手令對手一如觸電」，故而，與敵交手，聽勁感受到對方的弱點阻滯處，則迅即以迅雷不及掩耳之速全力擊之，則必勝之無疑。所謂「人不知我，我獨知人」，「知己知彼，百戰不殆矣」。

(2)毒：

侯氏太極拳之習練不是為體育競技而練，從明代至今，其直接目的就是要克敵制勝，戰勝對手，因此，其潛在規則即在於簡單、方便、快速地戰勝敵人，瞬間制敵於

無形，特別在生死搏擊中，一招制敵，令敵死、傷、殘，因而任何一招在局外人看來，都過於狠毒。

當然，今天我們學練太極拳，主要為了健身防身，但在與歹徒搏擊中，仍不失為一種高水準的自我防衛手段。具體來講，「毒」表現在：

① **意毒**：侯氏太極拳拳架與應用處處體現「心與意合，意與氣合，氣與力合」，「心到意到，意到勁到」，在與敵鬥爭時，意念必須狠毒，一招即致敵於慘敗，「不招不架，就是一下」，意與招合，意與勁合，必能奏效。

② **招毒**：侯氏太極拳的每一招，招招獨特、厲害，每招一旦用實，後果不堪設想，足以致敵以傷殘死地，這充分體現了技擊殘酷的一面，而獨有的上中下三盤四十八秘法，都是令人望而生畏的招法。很多本門弟子在試招後均感心有餘悸，這體現了侯氏太極拳技法之巨大威力。

以上所說之招毒，在實戰應用時應從兩個層次來理解：

其一，如以武會友，友誼切磋，則應小心謹慎，點到為止，對方略有感受，即可收手。

其二，如與歹徒生死搏鬥，則意毒招毒，令對方應手即仆，或致傷殘。不到萬不得已，不可輕易啟動，以防誤傷他人。

侯氏太極拳講究練武者應有武德，「練武先練德，練功先修心」。故本門選徒極嚴，有「十不授」之規矩，如其人心狠手毒，滿臉殺氣，心懷叵測，心術不正，品德低下，胡作非為，不懂禮貌，缺乏人情者則堅決不能授予

之。

對收徒弟要多方考驗，凡違背師門教訓者則應將其清除出本門，唯恐其挾技自逞，危害社會，有辱師門。故大丈夫行走江湖，必以德為先，誠如老子《道德經》所言，「上善若水」，無德者遠離大道矣。

(3)不覺：

不覺者，令對方不知也。要做到「人不知我，我獨知人」，全存乎一念也，此點不僅是一個拳技問題，更重要的是整體太極拳的意念感受水準。

首先，要使對方不覺，己要輕、柔、軟、鬆、空、靈，而且身手要快，要敏捷。

其次，欲使對方不覺，關鍵在於懂勁，能剛能柔，能鬆能緊，隨屈就伸，捨己從人，沾連黏隨，不丟不頂，在對方完全沒有察覺的情況下，將對方引入陷阱，令對方勢背而瞬間落空，沒有先兆，毫無感覺，怎樣被擊出，對方則一臉茫然。

正所謂「打重不如打輕，打輕不如打空」，於談笑風生間，強敵灰飛煙滅，於毫無準備時，令敵拔根而騰空飛出丈外。正是：「承架絕技世罕見，放空擲敵心膽寒」。

3. 「騰、截、空、放」的戰術運用

「騰、截、空、放」為侯氏太極拳的總體戰術運用，充分體現了武當派功夫的內功心法。

騰者，乃技擊迎敵變化之道，它體現全身各部位之間的凹凸、起伏之騰落變化，如手出則肘收，肘出則手回，

這樣的騰落作為一種全息關係可以應用到全身整體與每一個部位，它反映盈虛、進退、顧盼、左右、虛實的對立統一變化性，利用這種騰落變化，以閃電速度而使對方落敗。

截者，截住對方來勁也。如對方剛一展手要拿我之手腕，我則搶先截住對方，而反拿住對方手指。這種截法作為一種全息手法，可整體用，可局部用，在每招每式，身體每個部位均可截住對方，令對方無法施展功力拳腳而終以失敗告終，有了此法，任憑對方如何出手出拳出腳均被截死，所謂以不變應萬變之策也，這也充分體現了「彼不動，己不動；彼微動，己先動」之戰術原則。

空者，令對方進入突然的全空狀態，連根拔起，陷入真空，鮮有不失敗者。一者使對方的所有攻擊落在空處，二者使對方整個落入空中，這兩者結合起來連環使用，是為「打空」。

放者，一為在對方進攻拿我時，我順勢而放下，對方必定落空；二為我使對方勢背，因勢利導，上下相隨，將對方放出，故而，放即為防守，也為進攻，是為防守與進攻的對立統一。

4.「套封叉閉，刁拿鎖扣」的獨特擒拿手段

套者，是將對方套住，或讓對方進入我之圈套。

封者，封住對方回路與退路，讓對方無路可走。

叉者，以手臂或腿腳叉住對方，令其無法運動。

閉者，封鎖對方一切路徑，唯有束手就擒。

刁者，在雙方快速運動中，一下子要刁住其手腕。

拿者，隨時以手拿住對方的手指、手掌、手腕、肘彎之處。

鎖者，猶如一把鐵鎖將對方身體之某一部分鎖住。

扣者，反其關節，令對方關節疼痛而跌倒在地。

侯氏太極拳制人的最大特點是擒拿對方，雙方一搭手，一秒鐘將對方制住，這種擒拿法常常把對方一下子就別死了，令對方無法動，還感到局部關節突然間的劇痛。

習練侯氏太極拳，不僅要求善於鎖拿對方，瞬間制敵，同時要求能化解對方的一切擒拿與進攻手法，更重要的是在化解對方擒拿攻擊的同時，將對方反擒拿，反鎖住，使對方在進攻中必然陷於失敗。

5. 「只進不退，打虛中實」的進攻方略

「只進不退」是侯氏太極拳實戰搏擊的一個重要特點，大凡世間各類武功搏擊，有攻有守，有進有退，而侯氏太極拳卻獨以其「只進不退」而與眾不同。乍一看，似乎不合情理，其實這才體現了高水準的搏擊手段。

為何只進不退？因為侯氏太極拳能於瞬間化解敵人的所有攻擊，同時令對方最凌厲的攻勢演變為對對方的最大威脅，在侯氏太極拳習練者的眼中，對方越兇猛，越用力，則反擊力越大，對彼之損害也越大。搏擊到了這種境界，已無所謂「打」，無所謂「化」了，「打即是化」，「化即是打」，「連化帶打，化中帶打」。

這種化打合一的打法，必定不用後退，而只管向前，令敵應手即仆。正所謂「英雄所向無敵，蓋皆由此而及

也」。

「打虛中實」之要訣在於「打不準不打，打不狠不打，打不死不打」。這裡的「死」字，其意在於敵我搏擊時，我所感覺到敵方無法化開的阻滯點，亦即死點。雙方交手時要以聽勁為先導，在令敵方不覺中找到打擊處，能處處控制對方，使其死點無法化解，正如歌訣曰：「對準發落點，捶捶不落空」，其發落點，即死點。

6.「剛柔相濟，鬆靜互根」的勁道變化

中國古代的《易經》認為世界上存在著兩種互不可分而又互相對抗的力，即陰與陽之對立，陰陽對立統一之變化發展構成世界萬事萬物及其變化發展的根本規律。太極拳以《易經》的太極陰陽變化之道為其理論基礎，體現了易經博大精深的思想。

在侯氏太極拳中，要求動靜、剛柔、鬆靜、虛實同時兼備，處處符合太極陰陽之道。要陰不離陽，陽不離陰，相互聯結，相互作用，相互貫通，相互滲透，相互依存，相互轉化。

練拳者，在練太極內功勁道時，尤要以剛柔、鬆靜為其主旨，首先要達到剛柔、鬆靜兼備的感受，其次要達到剛柔摩盪，鬆靜相宜的懂勁地步，最後達到忽陰忽陽，陰陽無蹤可尋的神明階段。因此，練太極拳，不能偏於柔，也不能偏於剛，而應剛柔相濟；不能偏於鬆，也不能偏於緊，而應鬆緊互根，缺一不可；否則，即違背了陰陽太極之道。故而，在太極拳的勁道變化訓練中，要在剛柔、鬆

靜之變化中方能悟出。

　　太極之勁，說有就有，說無就無，隨屈就伸，變化無方，隨心所欲，方為正道。能做到有剛有柔，有鬆有靜，則可知天地萬物之理，生靈運動之妙。非此而不能知侯氏太極拳功夫之本也。

7.「上中下三盤秘法」的太極實戰訣竅

　　武當傳統三合一太極拳在六百年的歷史發展中，自張三豐祖師及後來歷代宗師們的不斷完善與發展，在實戰功夫上已形成了獨具特色的完整體系，其理論與技巧充分體現太極功夫的上乘境界，主要內容即「上中下三盤秘法」。

　　(1)上盤秘法：

　　掤、挒、擠、按、採、捌、肘、靠、攬、扣、鎖、撅、疊、挫、扯、擲。以下簡介前八法。

　　掤：拳譜云：「掤在手臂」，「掤在撐」，掤指由裡向外的力量，此為太極拳的基本功夫。在拳架、打手、技擊運用中，掤勁無處不在處處在，無時不有時時有。掤勁貫穿於所有招式的全過程。

　　挒：拳譜云：「挒在掌中」，「挒要輕」，挒有順對方來勢輕帶指引，使其在不知不覺中落入陷坑中之意。順勢借力，引進落空，順手牽羊，四兩撥千斤。

　　擠：「擠在手背」，「擠在身臂」，「擠要橫」，擠有逼迫中搶位之意，使對方失去平衡而栽跌。在擠法中應處處體現螺旋力，使對方之接觸點遇著螺旋即被分旋，身不由己而後跌。

按：「按在中攻」，「按在腰攻」，「按要攻」，「打人須貼近，手到身要擁」。按法在形式上雖表現為以手推按，但仍貫穿以全身之整勁。特別是身要擁，腰要攻，氣沉丹田，形成了一個周身的完整勁，沉著冷靜，且有撐拔之意。訣曰：「根節切，梢節發，中節齊到生妙法」。使其腳跟離地而騰空跌出。

採：「採在十指」，「採要實」，採即抓拿擒制對方。訣曰：「採在十指要抓牢，其妙就在把攢中」。採拿法即反關節法，使對方之關節超過必要限度而產生劇痛，全身僵滯，欲動不能，身不由己。重者分筋錯骨，扯裂肌肉關節，誠如拳譜所云：「直中求曲採法精」。

挒：「挒在兩肱」，「挒要驚」，「來勢兇猛挒手破」，挒時先鬆後靜，如槓桿之撬動，迅猛如閃電，完全是反關節之打法，且主要針對肘關節。其效果可使對方手臂立折，抖斷無疑。

肘：「肘在屈使」，「肘要衝」，「肘打隨時任意行」，「遠用手，近用肘」，「寧挨一拳，不挨一肘」。肘是打擊要害部位，如肋下、窩內、搗心、頂心、背心、腦後肘等。

靠：「靠肩背胸」，「靠在肩胸」，「靠要崩」，「遠拳、近肘、貼身靠」。靠人的特點是短促有力，靠整體勁的撞靠壓砸結合才更具效果。

(2)中盤秘法：

起、落、進、退、騰、閃、圓、轉、含、拔、通、挺、環、管、吞、吐。以下簡介前八法。

起：「起在足心」，欲要向上，必寓下意。全腳掌著地，但五趾始終抓地，百會領起，精神提起，方顯神威。

落：「落在窩中」，蓄在丹田，下沉上懸，身法自然。古傳云：「太極勁法妙無窮，其妙都在窩中存。」落要落得輕靈、輕穩、實在，不可動搖。

進：「進在分鬃」，「進在雲手」，意到身俱到，意從心裡起，手向鼻尖落，發人如彈丸。

退：「退在轉肱」，轉換腰中，有進必有退，進退要適中。古傳云：「打死不後退，後退必打人。」如倒捲肱即是退中必打之法。

騰：「騰在柔韌」，輕靈圓活，變轉輕快，必須抬之即起，按之則落。氣沉丹田，鼓蕩騰升。

閃：「閃開正中定橫中，其閃定有間隙空」。含胸縮骨，吞吐避讓，閃展騰挪。

圓：「圓在轉軸，活在其中，不凸不凹，中正安舒，不丟不頂，活轉適中，恰到好處。

轉：「轉在腰際」，轉必用腰，腰乃周身之軸心，是調劑周身平衡之樞紐。

「刻刻用意在腰際」，腰為「第一主宰」，以它帶動四肢並協調身姿而動轉，主要在於發展先天之源而固後天之本，有健身強體、技擊技能的巨大功效。

(3)下盤秘法：

纏、跪、挑、撩、劈、壁、掛、蹬、勾、掰、截、點、繃、趾、滾、捲。以下簡介前八法。

纏：「纏在鬆盤」，如藤纏繞，沾連黏隨，捨己從人。

　　跪：「跪在膝中」，要橫豎找，貴在用意，曲中求直，蓄而後發，落點準確。

　　挑：「挑在梢尖」，猶似翹板，根節鬆沉，梢節彈升。

　　撩：「撩在順填」，順撩填空，旋轉引空，使其失中。

　　劈：「劈在直崩」，欲劈先鬆，橫豎間用，冷脆快準。

　　壁：「壁在立根」，主要制根，貼身寸進，無堅不摧。

　　掛：「掛在勾環」，黏貼帶回，剛落即用，腳到成功。

　　蹬：「蹬在展跟」，妙在胯根，蹬踏結合，其見彈功。

8.「哼哈二氣，凌空彈放」的上乘境界

　　哼字在練拳時可使氣沉丹田，內氣穩固，在實戰時可爆發向下的力量；哈字在練拳時可使內力向外，在實戰時可爆發突然的驚炸之力。

　　哼哈二氣其實不用真的發出聲音，其本質是一種內在功夫感受，當然如果真的喊出聲音，亦未不可，效果一樣,但太極者，乃武當之內功，只要存乎一心之意念即可，故而無論練拳還是實戰，均不必喊出聲音，只要意念感覺到位即可；也不必過於濃烈勇猛，只要有感即可，長期訓練，可練成太極內功之驚炸爆發力。

　　凌空彈放之本意在於每一招式實戰之運用，均可使對方在瞬間於毫無準備的情況下掉入真空，對方突感身一空，暗叫不妙，但為時已晚，一下子就撲倒在地，或被彈放而致飛出丈外。

　　侯氏太極拳特別擅長技擊、擒拿和實戰，它以意承先，形鬆意緊，心到意到，意到勁到，極柔軟而極堅剛，

後發而先至，全身無處不太極，人不知我，我獨知人，隨心所欲，深不可測。

　　侯氏傳承武當傳統三合一太極拳的技術內涵達到了中國武術技擊技術的上乘境界，它是中國太極文化中獨樹一幟、熠熠生輝的文化瑰寶。

第二章

侯氏太極拳技擊原理和訓練方法

一、太極拳為什麼要進行技擊訓練

許多人不知道太極拳還能技擊實戰，也不知道技擊實戰對太極拳訓練有什麼意義。常有太極拳愛好者會說：「我不想學怎樣打架，我只想練好太極拳。」他所說的「練好太極拳」只是要做到拳架熟練，還不瞭解太極拳的完整體系，也不明白太極拳的技擊實戰與練好太極拳之間有什麼關係。

有些人練習太極拳很多年，但仍然連初級水準都達不到，這很可能就是因為沒有認識到太極拳的完整體系和訓練方法。所以，對太極拳愛好者來說，這些都需要我們認真地認識、學習和實踐，從而提高太極拳的技術水準。

1. 太極拳水準高低的衡量標準

怎樣才算是會打太極拳？太極拳練到什麼程度才算打得好？太極拳技術水準的高低按什麼來衡量？如果沒有一個比較明確的衡量標準，我們練拳的方向就不清楚，進步的階梯就無處尋找。

　　太極拳技術水準分為三個階段含九個級別，這三個階段的水準是：

　　初級階段標準為「著熟」，就是身體動作非常協調，拳架動作非常熟練，每招每式、每個動作、每一瞬間都符合太極拳對身體及動作的要求，使身體在每一個動作中都達到「外三合」，即「手與腳合，肘與膝合，肩與胯合」。

　　中級階段標準為「懂勁」，就是在承受外部對自身施以的任何力量中，都能夠保持自身的平衡和穩定而不傾倒，達到「內三合」，即「筋與骨合，勁與氣合，氣與意合」，也就是心意與身體及其動作完全合一，從而「隨心所欲」。王宗岳講的「以心行氣，務令沉著」和「以氣運身，務令順遂」，就是對中級階段的練習要求。

　　高級階段的標準為「神明」，就是心意達到了「有無之相生」的境界，不為外界的任何變化所左右。無所謂「有」，也無所謂「無」，既可以隨環境而「有」，也可以隨環境而「無」，不以後天智欲為用，而是順遂自然。

　　初級階段分為三個級別。初一級要求拳架動作準確和流暢。初二級要求每一拳架動作都符合拳理。初三級要求拳架非常熟練，身體及動作上下左右完全協調和平衡，每一瞬間都有「外三合」。

　　中級階段也有三個級別。中一級要求掌握虛實、開合和往返的陰陽變化，「聽勁」而能應對。中二級要求做到「筋、骨、氣」合一，「懂勁」而能化外力使引進落空，能合一而立於不敗之地。中三級要求完全達到「內三

合」，心意和身體完全統一，隨心所欲。

高級階段的三個級別是：高一級表現為能長時間靜定，以靜制動。高二級是為元精、元炁、元神相合，達到性命合一。高三級達到身心與宇宙自然完全相融相合，無有自我，無有一切分別，渾然為一，返還太極原初。

2. 太極拳打手法是從初級水準提高到
中級水準的關鍵

太極拳打手過去也稱作葛手或遞手或搭手或比手，就是透過兩人互相施以勁力而避免被對方打到的一種訓練方法。之所以稱作葛手或遞手或搭手或比手，是因為兩人是以手臂相接觸而開始訓練的，這是打手訓練法的起手式。

當我們的身體受到各種較大的外力時，包括人為的推、揉、拉、扯、撂、擒、拿、踢、踹、拌、勾和快速擊打等，或者在行走及其他活動中，可能會踩到異物或被異物阻絆等，我們怎樣才能保持身體的平衡而不摔倒？

我們的身心有一個頑固的後天習慣，那就是如果身體遇到外力，我們自然就會生出緊張的相抗之力，這叫做僵力，結果是僵力碰硬力，力弱者則站立不穩或摔倒。或者在遇事時緊張，結果是肌肉繃緊，氣血阻塞，精神反應變遲緩，使我們的身體無法靈活面對遇到的突發事件而擺脫困境。

太極拳打手法是學練者從初級水準提高到中級水準的關鍵方法，可以讓我們在實踐中逐漸改變我們身心的這種頑固習慣。對每個人來說，理解太極拳的原理可能還相對

容易，但是因為我們的身體和意識控制都處在上萬年人類歷史遺傳和幾十年的個人習慣的支配當中，要想打破這種後天習慣的束縛，達到隨心所欲、自由自在的身心是非常困難的，若只是靠練練拳架，那是不可能改變我們體內的頑固積習的。

張三豐祖師發明「太極拳打手法」，透過引入外部刺激的方法，使我們在身心鍛鍊中有了切實可靠的依據，從改變我們身體上的僵力開始，逐漸改變我們身心的後天習慣，最終使我們達到身心的統一，達到遇外力能化其衝擊而不受傷害，遇事不緊張而能身心平穩，這樣就真正提高了打太極拳的水準，使我們的身心在不利環境中得到錘煉，這是太極拳修煉的正確之路。

太極拳的中級水準是要達到「內三合」，就是最終要做到身心合一，使我們的身體能聽心意的指揮和調動，修煉之間，透過練形、調氣、凝心，透過在實踐中不斷領悟，就能打破後天習慣的束縛，達到隨心所欲，獲得一個自由自在的身心。

太極拳的技擊內容始終是太極拳得以傳承的重要原因，也是太極拳修煉的基本入門之法，但當透過技擊訓練而達到身心合一的層次後，此法也就被捨棄了，因為它畢竟不是太極拳修煉的目的，所以，三豐祖師稱之為「技擊之末」。

太極拳技擊訓練方法是太極拳修煉的一個重要門徑，由此訓練，可糾正身體上、姿勢上、動作上的毛病。而且，技擊對抗也似一種遊戲，引人入勝，由此一步一步深

入，使修身、修心得以深入發展，這是三豐祖師教授的入門之法，離此，恐難以窺見入門之徑。

但三豐祖師也擔心後人沉溺於技擊而不能走向更高層次，特別告誡要「不徒作技擊之末」。

二、侯氏太極拳打手技擊法原理

1. 太極拳的圓圈運動

太極拳的每一式都包含著一個圓圈或數個圓圈的運動。在初級階段時，要求學練者畫大圈，使手、身、腿的運動儘量開展些；到中級階段的打手訓練時，透過練小圈，以求緊湊和縝密。王宗岳先師說：「先求開展，後求緊湊，乃可臻於縝密矣。」

太極拳的運動形式為什麼不採用直線而要走圓圈？

從行氣練功上來說，走直線容易使動作緊繃，肌肉和筋脈都處在緊張狀態，造成氣血流通不暢，不但不能調氣血、養五臟，還容易導致氣血的積聚凝固而損害身體。太極拳歌中言：「拳法行圓螺旋勁，陰陽無偏氣貫穿。」只有以圓圈形式運動，使陰陽無偏、剛柔相濟，既能實現身體肌肉、筋脈等的放鬆，又可形成氣的鼓蕩，使氣血的運行貫穿無礙，從而使身體無處不受氣血的滋潤，身體才能健康，心意也才能調動我們的身體。

從技擊上來說，在我們身體承受外力時，直線運動使我們無法擺脫該力對我們身體的持續衝擊，一旦該外力擊破我們的外圍防禦圈（手臂），並突破我們的中間防禦圈

（身體、腿腳）時，我們的重心就會被其所調動而破壞，失去重心而跌倒。而當我們以直線形式向外施加力量時，要麼就是硬碰硬，要麼就是撲空，不會取得什麼好的力量效果，如果力量再受到牽引，也容易使我們的重心被調動而傾倒。

圓圈運動即為太極拳的螺旋勁。螺旋勁在遇到外力時，既不會直線相抗，也不會直線躲避或逃跑，而是在保持與外力相接觸的條件下，以圓運動的形式向身體中軸線以外牽引對方的力量而使其落空，接著給對方施以螺旋勁而將其發出。

螺旋勁是於對方最薄弱之處發勁（術語稱為找點發勁），能與對方的力量和衝勢合為同一個方向，使對方遭受最大的勁力而被打出，經常會被打飛出去。

初學時用大圈，是要讓我們的心意能與每一暫態的動作相貼合，久而久之，勁與氣相合，氣與意相合。打手時用小圈，是因為技擊動作是在一瞬間完成，沒有小圈則沒有速度，也就無法應付外力對我們的襲擊。

2. 圓圈運動的開合、虛實原理

在拳架練習時，我們需要把每個圓圈做完整。一般來說，在每個圓圈中，前半圈是開勢動作，也是化勁動作，後半圈是合勁和發勁動作。我們在用心意調身的拳架過程中，做如是意念，當無人為「有人」，體會開、化、合、發的點位和完整過程，並反覆用身心去實踐。

在打手中，接手為開，承力則化，用的是圓圈中的前

半個圈。在此前半個圈的過程中，要以「虛」迎敵，讓對方摸不到你的力量，使其處在力量「落空」沒有著力點的地位，由此就控制了對方的來力，在將對方引化到他的背勢的時候，你就處在了順勢，這就是合勁發打對方的點位，用後半個圈可將對方擊發出去，這個過程就是以「實」發敵。所以一般來說，前半個圈是開勁、化勁，也是虛勁，後半個圈則是合勁、發勁，也是實勁。

3. 上下一致、左右虛實協調的技術

太極拳運動和其他運動在上下、左右身體協調上有本質的區別。

比如走步或跑步，我們是出左腿，同時擺右臂，來完成重心從右腿向左腿的轉換。在向前擺動右臂的時候，就帶領身體有向前向上的動勢，使右腿重心拔起，但同時左腿的重心並未形成和穩固，這時，身體就飄浮在空中而沒有根基，稍有力量加身，就可能會跌倒。

太極拳的運動與其相反，其每一個動作都是身體同一側的上下相互協調，同時收或發；而左右兩側則以相互虛實的狀態來協調配合。在右側受外力時，重心則會即刻落在左腿上，右臂和右腿同時回收處在「虛」的狀態，以化解對方來勢，緊接著右腿搶點插入，同時右臂配合將對方發出。正如王宗岳先師所云：「邁步如貓行」，始終保持重心在一側，氣沉於下，重心一側為「實」，運動的一側為「虛」，虛實之間的轉換不是靠上身或上肢的帶動，而是靠腰胯的放鬆和變換，這樣，即使有外力突然加身，也

能保持平衡而不傾倒。

4. 手、身、腿的協調配合技術

不論是拳架還是打手中，手臂、身體和腿腳都是相互協調配合的統一體，侯轉運老師經常說：「要隨」，就是要我們做到互相順隨。

當右臂遭遇擒拿時，身體右側則順應調整為「虛含」狀態，右腿則完全不持任何勁力，同時右臂以螺旋勁化解敵擒拿之勢，緊接著即上右步，起右側身，催右臂以螺旋勁發打對方。手、身、腿協調配合，在遇外力時，統一動作而破解其勢力。

再如「左高探馬」一式，敵擒我左臂，勾我左腿欲搬制於我，我則鬆開我左側的手、身、腿，使其為「虛空」態勢，敵撲空時，我則順其勁力，在右腿為重心的前提下，以左腿和左側身體向前，同時左右手配合發放敵方。

這就是手、身、腿即身體上中下三部的一種協調配合技術。

5. 往返折疊法

侯氏太極拳充分展示了太極拳打手中一個最重要的技術方法，即往返折疊法。往返折疊法有以下幾種：

（1）圓圈往返

拳架每一式中都有圓圈，前半圈之化力過程是為「往」，後半圈之發勁過程就是「返」，一個圓圈構成一

個「往返」過程。

（2）發勁往返

發勁時本來是向一個方向，當把對方打到一定程度或位置時，突然變轉勁路方向，往原方向的相反方向打回來，使對方遭到意想不到的更大的打擊。

（3）折疊

折疊是往返勁的特例，所以也合稱「往返折疊」，因為勁路折回，使我之勁與對方之力疊加，或者使對方身體受到扭轉或折疊的勁力，從而使對方遭到巨大勁力或挫折性勁力的打擊，結果是要嘛被打飛出去，要嘛被窩折在地，要麼使關節挫折，受到很大的傷害。

6. 三節技術

太極拳歌云：「上節不明無依宗，中節不明身自空。下節不明易栽跌。」《九要論》上說：「以一身言之，頭為上節，身為中節，腿為下節；以頭面言之，天庭為上節，鼻為中節，海底為下節；以中節言之，胸為梢節，腹為中節，丹田為根節；以下節言之，足為梢節，膝為中節，胯為根節；以肱言之，手為梢節，肘為中節，肩為根節；以手言之，指為梢節，掌為中節，掌根為根節。」

人的關節既是肢體活動的轉捩點，也可成為進攻對方的發勁點。以手臂來說，若對方擒拿了我的手（梢節），在我引化其力的同時，我的肘（中節）或肩（根節）卻能進攻對方。這就是局部三節法的技術。

對於整體軀幹，上中下三節的勁路變化更加複雜，任

何一節既能化力，也可發勁，隨時可使自己處在順利狀態，而使對方處在背勢狀態，對此尤其要細心揣摩。

三、侯氏太極拳打手技擊訓練方法

1. 熟練掌握每一式拳架的勁路及其應用

侯氏傳承武當傳統三合一太極拳是三豐祖師之原創。三豐祖師曾對元明時所流傳的各種武術技擊法及各種動、靜功法進行了深入研究和總結，精選及創新了四十八個代表招式來作為太極拳打手訓練的基礎拳架，以此舉例說明太極拳各種勁路的狀態及變化，使弟子們能夠舉一反三，並快速掌握身體可能會遭遇到的外界各種力量，以隨時自如應對。在打手訓練中，反覆琢磨、體悟四十八個拳式，由此將自己的身心磨鍊成一個能相應的統一整體。

侯轉運老師說：「懂大勁，悟小勁。」在四十八個拳式中，有六式最為典型和常用，是首先要熟練掌握的六大勁，以此為基礎，再不斷地體悟其他招式的勁路。同時，在打手訓練中，要反覆體會和應用這些勁，包括向對方施勁及承受對方的來勁，反反覆覆，最終一旦遇到某一種勁或幾種勁的組合，身體就能夠不假思索而自如應對，使自己處在不敗之地。

2. 熟練掌握擒拿和反擒拿的勁路及技巧

太極拳是一種應對外部侵襲的拳術，所以近身搏擊、抓拿是其重要特點。其中，他的以靜待動、誘敵深入、設

伏反擒的戰術技巧則發揮得淋漓盡致。在遭遇對方的反關節擒拿時，要能破其勢而給對方以反擒拿，「以彼之術，還施彼身」，這就需要對各種擒拿勁路反覆體會，對各種擒拿技巧深刻領悟。

太極拳擒拿和反擒拿儘管勁路小，但他卻能以小制大，以四兩之巧勁，而控制對方的千鈞之力，對磨鍊身心會起到意想不到的快速和良好的收效。

3. 持之以恆地練習太極椿功

太極椿功是練習靜心、合一及定力的基本功，要使自身在運動中能保持平衡和穩定，非下大力氣來修煉這個功夫不可。能否持之以恆，是能否成功的關鍵。

動和靜是一對矛盾統一體，不能徹底靜定下來，動就是漂浮而沒有根基的；根基沒有，在打手訓練中就不可能站穩，更不要說技擊實戰了。

4. 實踐亂環打手法

我們平時遇到的外力侵襲都是沒有什麼固定招式的，在很多種情況下甚至都是突發的，這就要求我們不能按照某些固定的招式來應對變化，而是應磨鍊出靈活應對各種外來侵襲的本領。比如說你踩到了一個香蕉皮，沒有誰會提前告知你，好讓你有個準備。所以，要使用沒有招式和章法的訓練模式，這就是亂環法。

手法、身法、腿法以及他們的組合法來隨便使用，可以無招無式，這樣，我們應對外來襲擊，就會逐漸應付自

如，最終，我們的身心就能統一在一起。

四、張三豐祖師太極拳十要解析

三豐祖師說：「虛靈，含拔，鬆腰，定虛實，沉墜，用意不用力，上下相隨，內外相合，相連不斷，動中求靜，此太極拳之十要，學者之不二法門也。」

1. 虛　靈

虛是虛空、虛無；靈是生命的靈動，是神氣的表現。沒有虛靈，周身一氣則澀滯而運行不利，身體則沉重、拙笨，無靈巧可言。只有神虛，才能體靜，才能在外感知萬事萬物微小的變化，在內斡旋自身的氣機運轉。只有意靈，才能使陽氣散佈周身，無微不至，才能使我們的身心與宇宙自然相契相合。

蔣發先師說：「虛靈在中。」就是由心意來領導。先使心意放鬆，剪除外界和思慮的干擾，專注自身，檢查渾身上下是否有任何一處還沒有放鬆，然後觀氣運轉之靈機，行氣遍及周身百骸，帶領腰胯肢節運動。儘管這也是身體的運動，但已與日常習慣性的運動有所不同，他是「虛靈在中」，心意主導，久而久之，身心將合為一太極。

2. 含　拔

含是包含、收攏；拔是拔長、展開。做到了「含」，就能夠「拔」；同樣，實現了「拔」，就能順利地「含」。「拔」是要拔筋骨，我們身體最主要的是椎骨和骨盆，一

身是否能靈動，就看椎骨和骨盆關節是否拔開。筋骨經常在「拔」的狀態，骨髓、氣血就能暢通，就能促進吐故納新，激發筋骨的活力，使筋骨堅強有力。

頭容微含，則拔頸椎；胸微內含，則拔胸椎；臀部微含，則拔腰椎和骶椎；胯部微含，則拔骨盆關節。有了筋骨的堅固與靈活，虛靈之意就容易與其合一了。

3. 鬆 腰

身體要實現放鬆，首先要鬆腰。只有腰部筋骨、肌肉放鬆了，氣血才能不受阻礙地到達雙腿，我們的下盤才能靈活。三豐祖師說：「命意源頭在腰隙。」腰不放鬆而僵硬，則氣血流通受阻，則無法養護兩腎和命門這個先天之本。人的生命壽數基本為128歲，這個先天程式就存儲在腎臟之中，若不養護而破壞了先天之本，人的壽命則會受到影響。所以透過鬆腰來養腎護命門。

4. 定虛實

對我們身體來說，虛實是最重要的一對陰陽關係，必須確定，我們才有所依據。老子說：「虛其心，實其腹。」已說明了兩層大關係。

其一，心意為虛，是清虛無礙；身體為實，是心意的歸宿和依賴。

其二，上為虛，下為實。這兩層關係不能顛倒。在這個基礎上，再確定小的虛實關係：身體以百會穴至會陰穴的中線為軸，而有左右。在行功時，陰陽一分，則虛實就

定，在同一時刻只可一側為虛，另一側為實，王宗岳先師說：「左重則左虛，右重則右杳。」說的就是左右虛實關係。各肢節也有虛實關係，這些肢節關係主要是臂、身、腿全身各部的三節關係，哪一節遇到阻礙的力量，哪一節就要變成「虛」的狀態。

5. 沉　墜

身體以大地為基本，心意以天空為準則。只有使身體有下沉、墜落之勢，才能和意念分別虛實，才能形成相輔相成的陰陽關係，才不會使身體漂浮無根。如果能生了根，才能有穩重，心意才能使氣調動我們的筋骨。以生根為本，我們的行為才能從容自然而不會漂浮慌張無措。

6. 用意不用力

用心意為主導是太極拳行功的關鍵，這是以內導外。如果反過來，用力而不用心意，則就成了失去統率的盲動。同時，沒有心意控制下的力量也不可能凝聚，而是散漫、僵硬的後天之力，這種力越用則離太極拳越遠，而不可能形成意、氣、力的合一。

王宗岳先師說：「以心行氣，務令沉著，乃能收斂入骨；以氣運身，務令順隨，乃能便利從心。」這就是行功中的使用心意之法，只要按此方法，行拳自然動作順隨，而不會造成緊張，也就不會用後天之力了。

對初學者，在行拳中時刻要注意全身上下各處是否有肌肉、筋脈緊張的地方，並將其放鬆。如果緊張，氣就不

通順，動作就不會自如，將來也做不到隨心所欲。

7. 上下相隨

身體上下的關係在練拳中很重要，如果上下不能互相協調、互相順隨，就是一片散亂，稍遇敵人來擊，不是跌倒就是為敵所擒，所以三豐祖師說：「上下相隨人難進。」上欲動，下必先動；下若動，上必跟隨。若要靜，上下各部一致全部達到靜，不可互相抽扯而不統一。

上下關係中，下為根基，是為陰，上為枝葉，是為陽，若要身體現出陽動之勢，必須下部根基牢固紮實。有了這種關係，上下才能協調和順隨。

8. 內外相合

對我們身體來說，內是心意、是氣血、是骨髓和臟腑，外是觸覺、聽覺、視覺和骨骼、筋膜、肌肉、皮膚等，先做到外三合，這靠練習拳架來做到；再要做到內三合，這靠動功、靜功相輔練習來達到；最後做到內外相合，這要靠打手法來實現。

9. 相連不斷

相連不斷有兩個意思。一是心意與氣相連不斷，氣與身形、身勢相連不斷，這個不斷就是要保持連續，不能因思想雜亂跑飛而時斷時續，注意力一點也不能分散。另一個意思是，太極拳是圓圈運動，圓圈沒有起點和終點，循環無端，因而拳勢是相連不斷的。

如果有了斷，就不會圓滿，就會凹凸不圓，這樣，就使外不能達到統一，內不能達到凝聚，內外不能達到相合，所以要相連不斷，最終渾圓如一。

10. 動中求靜

為什麼要「靜」？因為靜是修煉丹功、返璞歸真的基本方法，只有「靜」，才能使後天之氣回收，最終先天之氣顯現。有了先天之氣，才能採大藥而修煉丹功。但要做到長時間「靜」的狀態，沒有身體和精神上的堅固是不可能的，所以要透過「動」來達到氣血通暢，身心合一，精神凝聚，有了這種身體狀態，要「靜」則「靜」自來，這就是動中求靜的基本原理之一。

三豐祖師說：「學太極拳，為入道之基，入道以養心定性、聚氣斂神為主。太極拳者，其靜如動，其動如靜；動靜循環，相連不斷，則二氣既交，而太極之象成。」

動不是亂動，而是以靜定之心性為依據的動；靜不是死寂，而是具有活潑心意的靜，所以動靜相依，相輔相成，而達到動靜相合的太極狀態，這是動中求靜的基本原理之二。

「靜」的目的是要養氣，收斂後天之氣；「動」的目的是要使氣通行全身，使臟腑、骨筋肉等陰精牢固，所謂修宅舍。這樣，動靜就構成了一對矛盾，動中求靜就是協調這一矛盾，在行拳時，使精神內斂，專心致志，用意不用力，意無旁騖，陽氣不泄，這就是動中求靜之法。

第三章

侯氏太極拳拳架勁路和打手

　　打手是太極拳的中層功夫，是太極拳獨有的一種訓練方法，也是檢驗拳架勁路正確與否的標準。打手和拳架二者相輔相成，相互依存。「拳架即打手，打手即拳架」，這是侯氏承架太極拳的一個最重要的特點。以拳架走勁路是「以無人當有人」，以打手走勁路則要訓練出「以有人當無人」。

　　在打手技法上，運用太極拳各種勁法，以沾連黏隨為技巧，以不丟不頂、無過不及、隨屈就伸為原則，正如「打手歌」：「掤捋擠按須認真，上下相隨人難進，任他巨力來打我，牽動四兩撥千斤，引進落空合即出，沾連黏隨不丟頂。」以此原則來探索對方的勁路和虛實，並以「動急則急應，動緩則緩隨」、「彼不動，己不動，彼微動，己先動」的戰略方針，牽動對方重心，在時間和發力點最為恰當的時候，將對方發出。做到這一點，就需要進一步學習、掌握拳架中每一式動作在打手實際中的勁路變化和應用，由此提高打手技術水準和拳架應用能力。

　　拳架的每一式中，都包含了至少一個圓圈的運動，每一個圓圈運動都包含了一個完整的、陰陽虛實的轉化

過程。在每一式未開始運動的靜態時，我們的身心就是一個未分陰陽的渾圓太極，若無外界施加給我們的力量，我們就會仍然保持這個太極狀態，但一旦我們的身心遇到了外力侵襲，我們的心意則由太極狀態轉化成陰陽狀態，以圓轉變化的過程，來適應外部對我們的影響，這就是「動分陰陽靜合一」的太極拳運動原理，呂祖說：「真常須應物，應物要不迷。」「真常」就是太極，分出陰陽狀態以應對外部侵襲之後，這個圓圈又回到了靜態原點，不迷於外部的干擾，仍保持我悠然的太極之身心。王宗岳先師說的「彼不動，己不動，彼微動，己先動」，就是外力未侵襲和剛開始侵襲時我的兩種狀態，「動」不是指身體動作，而是指心意。心意然後調動我們的身體進行圓圈運動，以虛實變換的過程來打破敵人對我的進攻。

在一個虛實變換的圓圈運動中，一般來說前半圈為化勁，後半圈是發勁，整個過程可概括為「開、化、合、發」。因敵方開始攻擊，我「開」以迎接來勢，遇敵強大攻勢則「化」其勢力，使對方成為背勢，同時，我自身形成合勁，在最恰當的發勁點，與對方的下一步走勢形成疊加，將對方發出。在前半圈「開、化」的過程中，用的是「虛空包含」之勢，在後半圈「合、發」的過程中，用的是「剛柔相濟」之勁。王宗岳先師說的「左重則左虛，右重則右杳」就是前半圈的接敵狀況。

以上所言是太極拳原理，在實際情況中，對方的勢、力都是複雜多變的，可依此原理，隨機隨勢而變化勁路。

拳架各式是作為打手訓練的實例，它是將無對手的狀

態當做有對手的狀態，假設了敵方進攻我們可能的情況，但它不可能窮盡一切可能，所以需要我們在拳架和打手訓練中，用這些拳架實例來摸索、體悟和熟練太極拳勁路變化的規律，從而掌握它，並在技擊實戰中發揮應用它。

一、拳架動作與勁路分析

1. 起 勢

站立為無極椿，身體中正，兩腳分開如肩寬，兩手放在兩胯處，此為預備式。

重心移至左腿，右腳微右轉後，重心則移至右腿。同時，兩臂向外向上旋轉抬起，掌心向上。然後，左腳上步。兩手繼續向上旋轉舉起，掌心相對。重心前移至左腿，右腳上步與左腳平齊，中正站立。雙手自然落至兩胯處，身形回歸無極式站椿（圖3-1）。

【勁路分析】

起勢中有一個圓圈運動。假設對方從正面用雙手拿我兩手或兩腕或兩臂時，我先將重心移到左腿，使右側放鬆並順對方來力向右側後牽引，完成前半圈運動；然後將重心轉換到右腿，並在雙臂上形成向上的合勁，以右腿為根，勁由背脊而

圖3-1

圖3-2　　　　　　　　　　　　圖3-3

發，將對方拔根當面發出，或者進一步將對方擒拿，完成後半圈運動（圖3-2、圖3-3）。

　　起勢中採用了變換重心的技術，形成重心的往返，用一側化敵來勢，用另一側攻擊對方，使敵搞不清情況而驚慌失措，應聲而被發出，向後仰身摔倒。

2. 金　剛

　　左腳向前邁出，兩臂順勢向上抬起掤出，左手在前，右手在後。然後身體向右轉90度，雙腳也隨身體而轉動。同時雙手順上掤之勢在胸前順時針畫圓，雙掌在身前變為陰陽掌，左掌心朝上，右掌心朝下，兩掌相距一尺。然後身體向左回轉90度成弓步，同時右掌向下、左掌向上順時針畫圈，成為左掌在上、在前，右掌在下、在後，相距仍為一尺。隨後右腳上前與左腳平齊，兩掌一上一下

圖3—4　　　　　圖3—5　　　　　圖3—6

向前按出。接著，左掌向後向下收至身前，右掌向前向上托起。然後，左掌變為掌心向上，右掌變拳下落，落於左掌中（圖3—4）。

【勁路分析】

金剛勢中有兩個圓圈運動。

第一個圓圈：對方從正面出右拳向我擊來時，我以右腿為重心，左腿向前邁出，配合上抬之雙臂以虛迎敵，然後順對方的來勢，以腰為軸，向右側轉動以化解對方的來力，此為前半圈運動；在對方勢盡力空時，我以腰胯和脊背的力量合勁，控制住對方的右臂，旋轉返回將對方發出，此為後半圈運動。在後半圈的過程中，可反關節制敵，達到發敵的最大效果。

這個圓圈運動可表現出明顯的掤、捋、擠、按四個正勁，是典型的往返折疊勁路（圖3—5、圖3—6）。

圖3－7　　　　圖3－8　　　　圖3－9

　　第二個圓圈：假設對方以右手從正面抓我的左手或左腕時，我的重心換到右腿，同時左手在胸前向後下方牽引其手臂，而右手向上托其右臂，反其肘關節，重心再轉換到左腿，順其勢力將其向我右側身後扔出。左手引進為化勁，為前半圈運動；右手上托對方右臂，以左腿為根形成合勁，並將對方發出是為後半圈運動（圖3－7、圖3－8）。

3. 攔紮衣

　　兩手在胸前相對180度順時針畫圓，同時重心移到左腿。兩手交叉時，右手走內圈，左手行外圈。然後，右腳向右邁出成弓步。同時，右手經左臂內側，繼續順時針畫圓，至指尖與眼睛平齊處，左手同時也相對順時針畫圓下落到左胯處（圖3－9）。

【勁路分析】

　　本勢包含了一個順時針方向運動的圓圈。假設對方以

圖3-10　　　　　圖3-11　　　　　圖3-12

右手擒拿我右手，我重心移到左腿，同時雙手順時針方向
旋轉，其中右手向左下方旋轉以牽引其力量，左手拿其上
臂或肘部，使其成為背勢，然後雙臂形成合勁，右腿向對
方左側運動，全身上下配合，以腰為軸，用順時針方向旋
轉這個圓圈，將對方向我右側發出，如果速度和力量迅
猛，對方將栽倒在地（圖3-10、圖3-11）。

4. 白鶴亮翅

　　右手在身前逆時針向左向下畫圈，掌心逐漸翻轉朝向
身體。同時重心移到左腿。當右手轉到左下側時，左手也
同時開始逆時針畫圈，向右向上經右臂內側上領，掌心朝
向身體；同時，右手逆時針繼續向上畫圈，當雙手轉到與
頭同高時，一起向前翻掌。這時重心移到右腿，左腳收至
右腳處。然後，兩掌向前方落下至身前，與肩同高，掌心
向前。此為右白鶴亮翅（圖3-12）。

圖3－13　　　　　圖3－14　　　　　圖3－15

【勁路分析】

本勢包含了一個逆時針方向運動的圓圈。假設對方以左手擒拿我左臂，我重心移到右腿，左手按逆時針方向向右下方旋轉以牽引其力量，然後我左手控制其左手或左腕，右手控制其左肘或左上臂，同時右腿向前，將對方或迎面或向左發出（圖3－13、圖3－14）。

5. 單　鞭

雙手同時在胸前逆時針畫圈至右側。重心移至右腿，左腳向左邁出。左掌同時逆時針畫圈至左側，高與肩平，右掌變勾手至右側（圖3－15）。

【勁路分析】

本勢包含了一個逆時針方向運動的圓圈。假設對方以右手擒拿我右手，我重心移到右腿，同時右手順其勢逆時

圖3-16　　　　　　　　　圖3-17

針方嚮往我右下側牽引，然後我以腰為軸使身形轉回，兩
臂形成合勁，右手控制其右手，左臂旋轉擔其右肘，左腿
向前，使其右臂反關節而被擊出（圖3-16、圖3-17）。

6. 左白鶴亮翅

　　右掌自胸前起，掌心向內，指尖向
上，到頭部時翻掌心向外至右上方；同
時，左掌同步向右側跟隨而起，掌心向
外，到達胸前，然後雙掌向左向下順時
針畫圈下落。當雙掌從右側開始下落
時，左腳向左邁出一步，右腳跟上而點
為虛步；當雙掌從左側旋轉翻起時，右
腳向右邁出一步，左腳跟上而成實步，
雙腳與肩寬（圖3-18）。

圖3-18

圖3－19　　　　　　　　　圖3－20

【勁路分析】

本勢包含了一個順時針方向運動的圓圈。假設對方以雙手擒拿我右臂，我則左腿向左後退半步，成為實腿，右腳也向左收半步，成為虛腿；同時雙手順時針方嚮往左下方旋轉以牽引其力量。然後右腳再向前邁出至對方正面或右側，右手控制其右腕，左手控制其右肘，全身上下配合，用順時針方向旋轉的這個圓圈，上翻將對方發出，使其向後摔出（圖3－19、圖3－20）。

7. 斜　行

兩臂在胸前交叉成十字手。同時重心移到右腿，然後，左腳向左邁步。同時兩手相對分別向下向兩側畫圈，然後再向上向中畫圈，左手為順時針方向，右手為逆時針方向，使雙掌相對在面前相合。這時兩腿成為馬步。然後左掌向下向左後畫圈至身後變為勾手，右掌畫圈下行至

胸前方。同時重心移到左腿成弓步
（圖3-21）。

【勁路分析】

本勢包含了兩個順時針方向運
動的圓圈。

第一個圓圈：假設對方以雙手
擒拿我左臂，我重心移到右腿，同
時左臂順其勢向我右側引化，然後
左腿進到其身右側，形成壁腿，同
時左臂順時針畫圈，將其發出（圖
3-22、圖3-23）。

第二個圓圈：假設對方以左手
擒拿我左手，我左手則以反擒拿順
其勢向我身後畫圈，將對方向我左
側發出（圖3-24、圖3-25）。

圖3-21

圖3-22

圖3-23　　　　圖3-24　　　　圖3-25

8. 琵琶勢

圖3-26

右手在胸前順時針向右畫圈。同時，重心移到右腿。在右手轉到腹部時，左手在身後同時順時針畫圈共同向左側方掤出。同時，重心移回左腿，右腳跟進半步成虛步。然後，右腳再後撤半步成右實步，左腳跟隨回撤成左虛步。同時，左手繼續順時針畫圈內旋下落成勾手至左膝處，右掌在身前旋轉至腹部前方，掌心向上。

接著，左腳再向前半步成左實步，重心移到左腿，右腳跟隨上步成右虛步。同時，左勾手向上逆時針外旋至左前方，掌心向上，右手同時逆時針旋轉內翻下按至左肘右側（圖3-26）。

【勁路分析】

本勢包含了兩個相反方向運動的圓圈。

第一個圓圈：為順時針方向運動。假設對方以雙手擒拿我左手向下旋擰，我放鬆左側，重心移到右腿，左手畫圈引化來勢，然後左腿向前，進至對方身側或兩腿中。接著右手管住對方右臂，身勢向前將其發出（圖3-27、圖3-28）。

第二個圓圈：為逆時針方向運動。假設對方以兩手向上擒拿我左手，並向我身後反背，我則重心放在右腿，同

時放鬆左側，然後左腿向前至對方右側後，並順其勢引化
使其成為背勢，接著以右腿和右手形成合力，將其發出
（圖3－29、圖3－30）。

圖3－27

圖3－28

圖3－29

圖3－30

圖3-31　　　　圖3-32　　　　圖3-33

9. 躍　步

重心移到左腿，然後右腳向左前方邁出，兩腿交叉。
兩臂相對180度順時針畫圓，在胸前交叉成十字手（圖
3-31）。

【勁路分析】

本勢包含了一個順時針方向運動的圓圈。假設對方以
右直拳攻擊我面門，我重心移到左腿，同時右手順其勢接
住其右腕，並用躍步之右腳踢其前出之腿的迎面骨，下踩
其腿腳，同時右手發勁將其向我右側發出。本勢中沒有往
返勁，採用的是手腳運勢相反的勁路，使對方直接栽倒
（圖3-32、圖3-33）。

10. 轉身琵琶勢

雙掌由身體兩側向上向前畫圓，同時，右腳上進至左
腳旁成虛步，雙掌落於腹前。身體右轉90度，右腳向斜

後方撤步成實步，左腳跟隨在右腳前側半步成虛步。同時，左手順時針畫圈至左前方，再繼續畫圈內旋下落成勾手至左膝處；右手同時在身前順時針旋轉，落至腹部前方，掌心向上。然後，左腳再向前成左實步，右腳跟隨上步成右虛步。同時，左勾手逆時針向上向左側旋轉，右手一起逆時針內翻下按（圖3－34）。

圖3－34

【勁路分析】

本勢包含了三個圓圈運動。

第一個圓圈：為逆時針方向運動。假設對方以右手擒拿我右手，我右側即放鬆，右臂逆時針轉動化解其來勢，然後右腳向前半步，右手和左手畫圓圈向前形成合勁，將對方擊出（圖3－35、圖3－36）。

圖3－35

圖3－36

第二個圓圈：為順時針方向運動。假設對方以左手擒拿我左手向下旋擰，我放鬆左側，重心移到右腿，左手畫圈引化來勢，然後左腿向前，進至對方身側或兩腿中，接著右手管住對方右臂，身勢向前將其發出。與琵琶勢第一個圓圈勁路相同（同圖3－27、圖3－28）。

第三個圓圈：為逆時針方向運動。假設對方以兩手向上擒拿我左手，並向我身後反背，我則重心放在右腿，同時放鬆左側，然後左腿向前至對方右側後，並順其勢引化使其成為背勢，接著以右腿和右手形成合力，將其發出。與琵琶勢第二個圓圈勁路相同（同圖3－29、圖3－30）。

11. 合手金剛

右腳左邁，與左腳成交叉步。兩臂相對180度順時針畫圈，交叉成十字手。然後，左腳向左邁出成馬步。兩手相對分別向下向兩側畫圈，左手為順時針方向，右手為逆時針方向。然後身體左轉90度，右腳上步與左腳平齊。同時，雙手再從兩側向上畫圈至頭部，左手下落到腹前，掌心向上，右掌變拳下落到左掌中（圖3－37）。

【勁路分析】

本勢包含了兩個順時針方向運動的圓圈。

第一個圓圈：假設對方以右手擒拿我右腕，我重心移到左腿，左臂和

圖3－37

右臂順時針旋轉形成合力，並起右腳踢其前出腿，從而化解其擒拿，並將其向我右後側發出。

第二個圓圈：假設對方變化勢與力，欲脫離我之控制，我則形成圓轉返回勁勢，重心移到右腿，左腿向前至對方右後側，然後左肘、左手連環向其右肋和右胯處擊出，將其發出。

12. 伏 虎

兩手變掌交叉向上至兩肩，右手在裡放至左肩，左手在外放至右肩。然後重心移到左腿，右腳向右邁出。兩臂相對向下向兩側畫圈，左手為順時針，右手為逆時針方向。接著重心移到右腿。左手順時針向上畫圈。然後，重心移回左腿。左手再向下畫圈變拳，放至於腰間，右手逆時針向上畫圈。最後，重心再移回右腿。右手變拳至頭部右側，高與眉齊，拳心朝前（圖3－38）。

【勁路分析】

本勢包含了兩個連續運動的圓圈。

第一個圓圈：假設對方以單手或雙手推我胸部或拿我肩部，我則以一手控制其一手，並以擒拿手法配合肩部形成合勁，將

圖3－38

對方向一側發出（圖3－39、圖3－40）。

　　第二個圓圈：假設對方從我身後將我摟抱，我立即下沉身勢防其將我抱起，同時左手順時針方向向下畫圈，抄其左腿，向上向右運動，將對方向我右側摔出；或以右手逆時針方向向下畫圈，抄其右腿，向上向左運動，將對方向我左側摔出（圖3－41、圖3－42）。

圖3－39　　　　　　　　　圖3－40

圖3－41　　　　　　　　　圖3－42

13. 擒 拿

　　身體向左收，重心移到左腿，右腿成右虛步。同時，右拳順時針畫圈落至腹部前右側，左手由拳變掌向右側移至右小臂上，然後兩臂同時順時針由內向外旋轉，重心向右腿移動（圖3-43）。

圖3-43

【勁路分析】

　　本勢包含了一個前後順時針方向運動的圓圈。假設對方右手擒拿我右腕或小臂，我即將重心移到左腿，右手向下向後畫圈，同時左手向前按壓控制其右手，我左手和右臂同時向上旋轉，將對方反擒拿發出（圖3-44、圖3-45）。

圖3-44

圖3-45

圖3－46

14. 串 捶

右拳向前擊出，左掌變拳在其側。重心前移至右腿，左腳前跟成左虛步（圖3－46）。

【勁路分析】

本勢包含了一個前後順時針方向運動的圓圈。假設對方右手擒拿我右腕或小臂，我即將重心移到左腿，右手成拳順時針旋轉畫圈引化其力，然後右腳向前邁出，同時左右兩拳旋轉向對方胸部擊出。

15. 肘底捶

圖3－47

以右腿為重心，身體左轉180度。隨身體左轉，左臂逆時針向上向左畫圈，左拳至頭面前方，高與眼齊，右拳同時畫圈到達左肘右側（圖3－47）。

【勁路分析】

本勢包含了一個逆時針方向運動的圓圈。假設對方用右拳直擊我面門，我即將重心移到右腿，左臂接擋其右臂，並逆時針向左上方旋轉畫圈引化其力，然後左腿向對方正面或側後邁出，同時右拳向對方胸部擊出（圖3－48、圖3－49）。

圖3-48　　　　　圖3-49　　　　　圖3-50

16. 倒捲肱

重心前移至左腿。兩拳變掌，先以右手逆時針前後畫圓。當右手從後向前畫圈時，右腳掌向右後方蹬地邁出。左手向後順時針畫圈，由前向後收回至左胯處。然後，重心移到右腿。接著，左手由後向前順時針畫圈。左腳向左後方蹬地邁出。同時，右手畫圈收回至右胯處。左右兩腿交互轉換重心。左右兩臂按相反方向輪流旋轉畫圓（圖3-50）。

【勁路分析】

本勢分左右各兩個圓圈，以右側圓圈為例，是一個逆時針方向運動的圓圈。假設對方用雙手擒拿我左臂，或用左拳直擊我面門，我重心移到右腿，並以腰為軸向左轉身，左手逆時針畫圈牽引對方來力，右手向上控制其左肘，然後重心移到左腿，右腿向對方兩腿之間邁出，形成

圖3—51　　　　　圖3—52　　　　　圖3—53

劈、崩之腿勢，同時雙手形成合勁，逆時針畫圈將對方向我左側摔出（圖3—51、圖3—52）。

17. 閃通臂

重心先移到右腿，再移回左腿。隨重心的變換，右手在身前逆時針畫一圈至腹前，左手沿順時針方向畫圓至腹前，合在右臂上。同時，右腳收至左腳旁，變為虛步。然後，右手從腹前至胸前上提。隨後右腳前邁上步，並隨勢以右腿為重心下蹲。同時，右手向前向下畫圓至右膝左側，左手變為勾手並旋轉至後腰部。然後再起身，左腳前邁上步。右手向上挑起，再畫圈向後向下至胸前，掌心向下；左手變掌從身後畫圈到身前上托，掌心向上（圖3—53）。

【勁路分析】

本勢包含了三個圓圈運動。

圖3-54　　　　圖3-55　　　　圖3-56

第一個圓圈：為逆時針方向。假設對方擒拿我右手或右臂，我重心移到左腿，然後以腰為軸，向右轉身，同時右臂逆時針向下畫圈，重心移向右腿，此將對方勢力化盡。然後折疊返回，左腿向對方前出，接著重心移到左腿，同時右臂逆時針向上向前畫圈，將對方發出（圖3-54、圖3-55）。

第二個圓圈：假設對方用手擒拿我右手或右臂，我重心在左腿，右手順時針向下向後旋轉化解對方來力，然後用反擒拿或金絲纏腕折疊反勁，將對方發出（圖3-56、圖3-57）。

第三個圓圈：假設對方擒拿

圖3-57

圖3－58

圖3－59

圖3－60

我左手或左臂，或出右手擊我，我左手順勢向左畫圈化解其勢，然後我右腿前邁並重心移到右腿，以迎門靠擊對方前胸，然後下蹲並以雙手抄其右腿，起身將對方摔出（圖3－58～圖3－60）。

18. 雲 手

兩手同時分別順不同方向在身前畫圓，左手為逆時針，右手為順時針。當兩手在身前左側相交時，重心移到左腿。左手掌心向下，右手掌心向上，然後，右手轉至面前，與眼同高，掌心向內；左手同時轉到胯襠部，掌心向

圖3-61　　　　　　圖3-62　　　　　　圖3-63

內。當兩手在身前右側相交時，重心移到右腿。右手掌心向下，左手掌心向上，然後，左手轉至面前，與眼同高，掌心向內；右手同時轉到胯襠部，掌心向內。在兩手畫圓的過程中，重心在兩腿間變換，身體也分別跟隨重心向左右兩側微做轉動（圖3-61）。

【勁路分析】

本勢包含了兩個圓圈運動。

第一個圓圈：為順時針方向。假設對方右手擒拿我左手或左腕，我重心在左腿，右手順時針方向從下方抄其右肘，以腰為軸，向右轉身，將對方捌出（圖3-62、圖3-63）。

第二個圓圈：為逆時針方向。假設對方左手擒拿我右手或右腕，我重心在右腿，左手逆時針方向從下方抄其左肘，以腰為軸，向左轉身，將對方捌出。

19. 高探馬

以左高探馬為例，重心在右腿，左腳為虛步在前。左臂前伸，左手與眼同高，右手在左肘右側，掌心向下。然後雙手同時逆時針畫圓，先向後再向前做旋轉運動，左手先向右下方，再向左上方，再向左下方畫圓，最後左手落到左側腹前，掌心向下；同時，右手先向右下，再向前方，在最高點時掌心向前，最後下落至胸部前方。在雙手畫圓的同時，左腿提膝抬起，手臂運動完成過程中，左腳落下成為重心，右腳跟進與左腳齊（圖3-64）。

【勁路分析】

本勢包含了一個前後運動的圓圈，左、右各一勢，方向相反。以左高探馬為例，假設對方雙手擒拿我左臂，我重心在右腿，左肘下沉向後引其來力，左腿向前進到對方右側後，然後右手端其左肘，逆時針畫圈將對方發出（圖3-65、圖3-66）。

圖3-64　　　　　圖3-65　　　　　圖3-66

圖3-67　　　　　圖3-68　　　　　圖3-69

20. 插　腳

以左插腳為例，雙手先向右下再向左上方逆時針畫圈，左腳上踢，左手拍擊腳面（圖3-67）。

【勁路分析】

本勢包含了一個前後運動的圓圈，左、右各一勢，方向相反。以右插腳為例，假設對方雙手擒拿我雙臂，我重心在左腿，雙臂順時針向下向後旋轉化解來力，然後起右腿撩其襠部，同時雙手順時針旋轉返回擊向對方面門，將對方發出（圖3-68、圖3-69）。

21. 左蹬腳

重心在右腿，左腳落下成虛步，同時兩臂相對先向下再向上畫圈左右張開。隨後，以右腳為軸向左轉身，同

圖3-70

時左腿屈膝抬起，使大腿成水平。同時，兩臂屈肘，兩手變拳畫圈相對收在胸前。然後，兩臂從中向外畫圈外展擊出。同時，左腳向左側蹬出（圖3-70）。

【勁路分析】

本勢包含了一個圓圈運動。假設對方以右拳擊我，我重心在右腿，左臂逆時針方向旋轉化解對方來勢，然後起左腿蹬向對方小腹或胯部，同時左手擊向對方面門，將其發出（圖3-71、圖3-72）。

圖3-71　　　　　　圖3-72

22. 左右躍步

左腳下落成虛步，身體微向左轉。同時右拳向左擺動，左拳收到左腰處。然後重心移到左腿。同時右拳逆時針轉到左胸處，左拳則向左向上順時針擺起。隨後右腳向前上步成虛步。同時右拳向右向下收到右腰處，左拳順時針畫圈向右擺動，與眼高平齊（圖3−73）。

圖3−73

【勁路分析】

本勢包含了一個圓圈運動，左、右各一勢，方向相反。以左躍步為例，假設對方從正面擒拿我左手或左臂，我重心在右腿，以腰為軸向左轉身，左手順時針方向旋轉向下向左化解對方擒拿，同時起左腳踢向對方前出之腿，右拳擊向對方頭項側後部，將對方向左側發出。

23. 青龍探海

左腳上步成弓步。左拳在身前順時針畫圈收到左腰部，身體微左轉，右拳逆時針畫圈向身前擊出（圖3−74）。

圖3−74

圖3—75

圖3—76

【勁路分析】

本勢包含了一個圓圈運動，假設對方從正面出直拳向我擊來，我重心在右腿，左手順時針方向旋轉向下向左化解對方來勢，同時左腿向前，右拳擊向對方，將對方發出（圖3—75、圖3—76）。

24. 轉身二起腳

以左腿為重心，身體右轉180度，同時右腳收回半步成虛步。左拳順時針畫圈右擺至胸部前方，右拳同時順時針畫圈上抬至面前，與眼高平齊，左拳在右肘外側。隨後，右腳上步為重心，起跳，先踢出左腳，左腳下落為重心，再連續踢出右腳。同時，兩臂順時針畫圈向上並落下，以右掌拍打右腳面（圖3—77）。

【勁路分析】

本勢包含了一個圓圈運動，假設對方從正面出拳向我

擊來，我重心在左腿，我雙手
順時針向下向後旋轉引化對方
來力，對方受引化後欲回撤脫
逃，我則向對方踢出右腳，同
時雙掌擊向對方面門（圖3－
78、圖3－79）。

25. 分門樁抱膝

　　兩腳相繼落下，重心落在
右腿。雙手收回至兩腰間。然
後，左腳向前邁出成為弓步。

圖3－77

兩手向上向前成交叉。隨後重心移回右腿，左腳回撤成虛
步。同時，兩手相對向上向外畫圈，左手為逆時針，右手
為順時針方向。隨著雙手向下向內畫圈至兩胯後，左腿屈
膝抬起。同時，兩手一起上抬至胸前，掌心向上。目視前

圖3－78

圖3－79

圖3-80

方（圖3-80、圖3-81）。

【勁路分析】

本勢包含了兩個圓圈運動。

第一個圓圈：假設對方從正面來推搡我，我重心在右腿，在對方出手還未及我身前時，我即前出左腿，雙手從下方抬起，至對方中線即對方雙手內而分制其雙手，然後擊向其面門或胸部，將其發出（圖3-82）。

第二個圓圈：假設對方從正面推搡我的前胸，我重心在右腿，虛含胸部，雙手從下方托住對方雙肘，同時抬起左膝頂對方襠部，將其發出（圖3-83）。

圖3-81

圖3-82

圖3-83

圖3-84　　　　圖3-85　　　　圖3-86

26. 喜鵲蹬枝

兩手向頭部方向畫圈上抬，掌心向後，隨後掌心向前翻手。左腳向前蹬出。兩手隨蹬腳前推（圖3-84）。

【勁路分析】

本勢包含了一個圓圈運動。假設對方從正面抓拿我的雙手或雙臂，我重心在右腿，雙手向後旋轉化其勢力，然後起左腿蹬對方小腹或襠部，同時雙手旋轉返回撲擊對方面門（圖3-85）。

27. 鷂子翻身

左腳下落成虛步。左手收至左胯前，右手下落至身前。左腿抬起，以右腳為軸右轉270度。同時，右手先、左手後隨身體右轉順時針畫圓。轉體後左腳落下，與右腳距離同肩寬。兩手收至各自體側（圖3-86）。

圖3-87

圖3-88

【勁路分析】

本勢包含了一個圓圈運動。假設對方從我右側面用拳或掌攻擊我，我順其勢向右轉身，以右手順時針畫圈引化其來勢，同時左手擊其頭項，將其發出（圖3-87、圖3-88）。

28. 旋腳蹬根

圖3-89

重心移到左腿，右腳抬起後再屈膝收小腿，按逆時針轉一小圈再向右蹬出。同時，右掌掌心向前，在身前同步逆時針畫圈，先向左再向右向上在右腿內側撩出，掌心朝向右腿方向（圖3-89）。

圖3－90　　　　　　　　圖3－91

【勁路分析】

本勢包含了兩個同時的圓圈運動，腿腳一個圓圈，手臂一個圓圈，上下同時配合。假設對方起右腳踢我襠部，我以左腿為重心，起右腳踢其右腿內側，隨即撩其襠部，同時右手擊向對方，將其發出（圖3－90、圖3－91）。

29. 攔腰掌

身體右轉90度，右腳下落在身體後方。同時，右手向右後側擺動至身體右下方。然後重心移到右腳，身體繼續轉身90度，左腳向前邁出一步。同時，雙手向左側擺動至身體左下方（圖3－92）。

圖3－92

圖3－93　　　　　　　　圖3－94

【勁路分析】

本勢包含了一個圓圈運動。假設對方用拳或掌擊我頭部，我則以左腿為重心，並向右轉身，同時右手順時針向右側引化其來力，然後重心移到右腿，出左腿到其右側，同時以左手擊其腰部，將其發出（圖3－93、圖3－94）。

30. 掩手捶

重心移到右腿。同時，雙手以順時針方向向右畫圈。然後，重心再移到左腿。雙手同時以順時針方向再向左畫圈，左手畫至胸部前方左側，掌心向前；右手變拳，運至左臂肘彎上部（圖3－95）。

【勁路分析】

本勢包含了一個順時針圓圈運動。假設對方出右拳擊我，我以右腿為重心，雙手順時針向右引化其力，然後我

進左腿到其身後，同時左臂和右手一起順時針旋轉返回，左肘和右拳同時擊向對方，將其發出（圖3－96、圖3－97）。

圖3－95

圖3－96

圖3－97

圖3－98

31. 抱頭推山

以左腿為重心，身體向右轉動60度。兩手相對向兩側分開至身體左右，左手為順時針方向，右拳變掌為逆時針方向。然後，身體向左轉回。同時，兩手從兩側上行畫圈至頭部兩側。隨後，重心移到右腿，左腳上步。兩手經頭部兩側向前落下（圖3－98）。

【勁路分析】

本勢包含了一個圓圈運動。假設對方以雙拳擊我，我以左腿為重心，雙手向右畫圈引化其力，然後我上右腿，以腰為軸，向左轉身返回，雙手合勁將對方發出（圖3－99、圖3－100）。

圖3－99

圖3－100

32. 前後照

重心向左腿移動，同時右勾手變掌從右向左畫圈至右臂內側，然後重心再移向右腿，左手從左向右畫圈，使雙臂成交叉，右臂在外，左臂在內。然後，重心再移到左腿，同時身體向右轉90度，右手向右擺動至胸前方（圖3－101）。

圖3－101

【勁路分析】

本勢包含了一個圓圈運動。假設對方右手擊我，我將重心移到左腿，右臂逆時針旋轉向左，化解其來力，然後用右掌和左掌向右方擊出，將對方發出（圖3－102、圖3－103）。

圖3－102

圖3－103

圖3－104

33. 野馬分鬃

　　右腳先向左腳處回收半步，然後向右前方邁步。同時，右手順時針先向左再向右向前畫圈至右前方，右手與右腳相對，左手則向後收至左胯處。此為右野馬分鬃。接著重心移到右腿，同時左腳跟進至右腳處成虛步，然後左腳向左前方邁步。同時，右手收至右胯處，左手逆時針先向右再向左向前畫圈至左前方，左手與左腳相對。此為左野馬分鬃（圖3－104）。

【勁路分析】

　　本勢包含了一個圓圈運動，左、右各一勢，方向相反。以左野馬分鬃為例，假設對方以右拳正面擊我，我重心在左腿，右手順其勢拿對方右腕，並向右側牽引，然後重心換到右腿，左腳向前邁出到對方右後側，左臂進到對方胸前和腋下，然後合勁將對方發出（圖3－105、圖3－106）。

34. 玉女穿梭

　　重心移到左腿。雙手一起順時針向後畫圈。同時，右腿抬膝，然後右腳向前踩出。右手順時針向上翻掌向前穿出，左手順時針先前出至右肘前再收到腹前。然後，重心

圖3－105　　　　　　　　圖3－106

移到右腿，隨後左腳向前上步。同時，左手向前方穿掌，掌心向下，右手同時回拉至身前，身體稍右轉。然後，重心向前移到左腿，以左腿為中心，身體向右後轉180度，右腳順勢邁向左腳的左側前方。同時，左手隨轉身順時針畫圈至面前。隨後，重心移向右腿。同時，右手在內順時針先向左再向右畫圈至身體右側前方，掌心向前，左手則在外繼續順時針畫圈向下向左至左胯處（圖3－107）。

圖3－107

【勁路分析】

本勢包含了兩個圓圈運動。假設對方以右拳正面擊我，或擒拿我右臂，我重心在

圖3-108

左腿，右臂順時針向後旋轉，牽引化解其攻勢。然後，右腳向前邁出；出左手直刺對方面門或雙眼。然後以右腿為重心，身體向右轉；同時控制對方右臂，將對方向右發出（圖3-108～圖3-110）。

35. 跌　岔

雙腳並立。兩手收至兩胯處，然後相向畫圈向上至胸前合掌，掌心相對，接著繼續上行至頭部，然後分手向兩側畫圈向下再向中間，收攏至腹前變成拳，拳心向上，左手為逆時針，右手為順時針。然後，兩拳分開向外自下而上，左手為順時針，右手為逆時針，從兩側畫圈至頭部前方併拳，拳心向前。同時，右

圖3-109

圖3-110

膝抬起，隨後右腳落地為重心並下蹲，左腳向左側鑱出。兩拳分手向兩側畫圈落下成擔扁擔勢（圖3－111）。

【勁路分析】

本勢包含了三個圓圈運動。

第一個圓圈：假設對方用雙手從兩側擊我頭部，我雙手從中線向外畫圈分手管其兩臂，化解其攻勢（圖3－112）。

圖3－111

圖3－112

第二個圓圈：假設對方用雙手抓我兩臂，我重心移到左腿；同時兩臂向下向外畫圈，向右側化解其力，然後兩拳畫圈返回，從兩側擊向對方頭部；同時抬右膝頂其襠部（圖3－113）。

第三個圓圈：假設對方用雙手擊我，我兩臂外展，直破其力，向對方擊出（圖3－114）。

36. 掃　堂

重心逐漸移到左腿，同時身體上起，並向左轉180度，右腳逆時針向左畫圈收至左腳處。右手隨之畫圈至腹前，左手收至左胯處（圖3－115）。

【勁路分析】

本勢包含了一個圓圈運動。假設對方用直拳擊我胸部，我向左轉身，化解對方來勢；同時我右腿踢掃對方前出之腿，將對方發出（圖3－116）。

圖3－113

圖3－114

圖3－115　　　　　　　圖3－116

37. 金雞獨立

以左金雞獨立為例，右手從腹前順時針畫圈上抬至頭部，由頭部左前側向頭部右後側旋繞至右腮處，左手在左腹處。然後，以左腿為重心，身體右轉90度，同時右腿提膝抬起。右手上舉至頭部右上側，掌心向前（圖3－117）。

【勁路分析】

本勢包含了一個圓圈運動，左、右各一勢，方向相反。以左金雞獨立為例，假設對方用直拳擊我頭部或用手抓我頭髮，我將重心移到左腿；同時右手順時針旋轉向上攔擋其腕部，

圖3－117

身體稍右轉，化解對方來力。然後身體和右手轉回，抬右膝頂其襠部，用右手上推其咽喉和下巴，將其發出（圖3-118）。

38. 雙震腳

以右腿為重心，左腿和左肘同時順時針先向下後向上再向下畫圓。接著，左腳落地並為重心，右腳連著起落踩下（圖3-119）。

【勁路分析】

本勢包含了一個上下前後運動的圓圈。假設對方用右手抓住我肩部，並用右腿掃拌我左腿，我將重心移到右腿，抬起左腿，然後稍向左轉身；同時左肩和左臂順時針畫圈下沉，以此半圈化解其攻勢。然後左側起身，左腳制其右腿，左手畫圈，制其頸項，將對方發出（圖3-120、圖3-121）。

圖3-118

圖3-119

圖3－120

圖3－121

39. 小擒拿

以右腿為重心，左腳上步。左手先向前再向後，右手先向後再向前，兩手相對順時針畫圓，在身前成抱球狀，左手在上，掌心向下；右手在下，掌心向上。然後，左腳回收成虛步。同時，兩手相對逆時針畫圓，左手先向前再向後，翻轉到下方；右手先向後再向前，翻轉到上方，在身前成抱球狀，右手掌心向下，左手掌心向上（圖3－122）。

圖3－122

【勁路分析】

本勢包含了兩個相反運動的圓圈。假設對方用雙手擒拿我左臂，我

左臂順時針向右畫圈，化解對方來勢。然後我雙手合勁控制其右臂，逆時針畫圈折疊返回，並用左腿擋絆其腿，向左將對方發出（圖3－123、圖3－124）。

圖3－123　　　　　　　圖3－124

40. 十字單擺腳

圖3－125

左腳上步成弓步。兩手相對順時針畫圈翻轉，在胸前成交叉十字手，左手在右側上，掌心向下；右手在左側下，掌心向上。然後，以左腿為重心，右腳順時針先向左再向右側畫圈擺踢。同時，左手從右向左畫圈，在擺腳高點時拍擊腳面（圖3－125）。

【勁路分析】

本勢包含了兩個圓圈運動。

　　第一個圓圈：假設對方用右手擒拿我右手，我右手順時針向右畫圈，化解對方來力，同時我左手控制其右肘，然後，右手反擒拿，左手向上方搬制其右肘，將對方向我左側發出（圖3－126、圖3－127）。

圖3－126

圖3－127

　　第二個圓圈：假設對方用右手擊我，我則以右手擒拿其右腕，並化解對方來勢，然後用左掌擊其頭部，同時起右腳踢其胯部（圖3－128）。

41. 指襠捶

　　右腳落下回原處。右手變拳後撤至右側。然後重心移到右腿。左手變拳逆時針畫圈至左胯

圖3－128

圖3－129

處，右拳逆時針畫圈從右側向上向左，由胸前落下至腹前，拳心向下（圖3－129）。

【勁路分析】

本勢包含了一個圓圈運動。假設對方用右手擒拿我左臂，或以右拳擊我胸部，我重心移到右腿，左腳向前邁出，身體微向右轉；同時左手向右順時針畫圈，攔擋並化解來力。然後我左手控制對方右手，並繼續向左下方畫圈；同時身體向左轉回，出右拳擊向對方腹部。

42. 砸七星

以左砸七星為例。右手逆時針從右向左畫圈至胸部左前方，然後兩手同時逆時針向右畫圈，左手至胸前，右手至身體右側。同時，重心移至右腿，隨後右腿屈膝下蹲。雙手繼續逆時針畫圈，右手至頭部右側，掌心向外；左手至左大腿內側，掌心向右（圖3－130）。

【勁路分析】

本勢包含了一個圓圈運動，左、右各一勢，方向相反。以左七星勢為例，假設對方用右手擒拿我左腕，我則用右手控制住其右手，不使逃脫；同時重心移到右腿，然後兩手同時逆時針向下向右畫圈，化解對方來力，然後左手以金絲纏腕勢擒拿對方右手腕，隨身體下勢，將對方向下發出，同時右手攔擋，防其左掌擊我頭部。

圖3-130

43. 小擒打

以左勢為例，起身成左弓步。左手隨起身上抬至前方，右手逆時針畫圈也上抬至前方，兩手掌心向上，兩腕相交，左手在上，右手在下。然後，重心移到右腿。同時，雙手變拳收至胸前，左拳在左，右拳在右，拳心向下。然後，重心移到左腿，右腳向前跟步成虛步。雙拳向前擊出，拳心向下（圖3-131）。

【勁路分析】

本勢包含了一個圓圈運動，左、右各一勢，方向相反。以左小擒打為例，假設對方用右手擊我，我重心移到右腿，然後雙手擒拿其右臂，並向後化解對方來力，隨後

圖3-131

重心移向左腿，雙拳向對方胸部擊出（圖3－132、圖3－133）。

圖3－132　　　　　　　　　圖3－133

44. 回頭看畫

圖3－134

　　雙拳分開在胸前相對向外畫圈，左手為逆時針，右手為順時針。同時，重心移到右腿。然後兩拳繼續從下向上畫圈，左手逆時針畫至胸前，右手順時針畫至右肩外。隨其勢提起左腿，然後向左側落下；同時，身體向左轉90度，右腳跟隨與左腳齊平。左拳逆時針畫圈上舉至面前，右拳逆時針畫圈向下擊出至腹前。然後右拳上舉，雙拳並舉至面部前方，拳心向內（圖3－134）。

【勁路分析】

本勢包含了一個逆時針方向的圓圈運動。假設對方用右拳擊我，我以右腿為重心，左手逆時針方向旋轉往我右側引領對方，然後以右拳擊向對方，將對方發出（圖3－135、圖3－136）。

45. 跨　虎

右腳在前為虛步，雙拳在面前形成交叉，右拳在外，左拳在內，拳心向兩側。然後重心移向右腿，左腳跟進與右腳平齊。同時雙拳變掌相對分開在胸前向下再向上畫圈，左手為順時針，右手為逆時針方向，使雙手在面前相合。然後重心移到右腿。左掌變勾手從左側下畫至後腰部，右掌落在胸前方。然後右手領勁，以順時針方向向右畫圈。同時以右腿為重心，抬起左腿向右畫圈撩起，左手跟隨向右畫出。身體向右轉180度，隨後左腳落下在左

圖3－135

圖3－136

圖3－137

前方。兩手隨轉勢畫圈至面前，與眼同高，掌心向外（圖3－137）。

【勁路分析】

本勢包含了三個圓圈運動。

第一個圓圈：假設對方從正面抓我雙腕，我兩臂從中分開相對向外向後旋轉，化解來力，然後轉圈返回，雙掌擊向對方。

第二個圓圈：假設對方抓我左腕，我重心移到右腿，身體微左轉，左手向我身後旋轉牽引對方，化解來力；同時右掌擊向對方。

第三個圓圈：假設對方從正面以右拳擊我，或擒拿我右腕，我先以左腿為重心，身體右轉，右手拿其腕，化解對方來勢。然後重心移到右腿，左腳進步，左拳擊其頭部，順勢將對方向我右側發出（圖3－138、圖3－139）。

圖3－138

圖3－139

46. 雙擺腳

重心移到左腿成弓步。雙手順時針向右畫圈。同時，身體微向右轉，隨後以左腿為重心，右腳順時針先向左再向右畫圈外擺上踢。雙手從右向左畫出拍擊右腳面（圖3－140）。

圖3－140

【勁路分析】

本勢包含了一個順時針方向的圓圈運動。假設對方從正面以右拳擊我，我出雙手接其來勢，並身體右轉，雙手順時針畫圈，化解對方來力。然後，起右腳向對方下部踢出。隨後，雙手畫圈返回，拿對方右臂，將其向左側發出（圖3－141、圖3－142）。

圖3－141

圖3－142

47. 彎弓射虎

右腳落下回到原處，重心向右腿移動。同時，雙手從前向後逆時針畫圈至腹前，然後雙手變拳從腹前逆時針畫圈向前方擊出，左拳在前，為正前方；右拳為後，在頭部右前方，拳心向外向下。同時，雙腿成左弓步（圖3－143）。

【勁路分析】

本勢包含了一個逆時針方向的圓圈運動。假設對方從正面抓我左臂，我重心向右腿移動；同時左臂逆時針向下向右旋轉，化解其力，然後左臂畫圈轉回，左拳合右拳擊向對方（圖3－144）。

48. 收　勢

左腳後退半步，右腳隨之後退並與左腳平齊。同時，

圖3－143

圖3－144

雙手分開從身體兩側向外向上再向內相對畫圈至頭部兩側，然後下落至兩胯處。重心落在兩腿中間（圖3－145、圖3－146）。

【勁路分析】

本勢包含了一個前後運動的圓圈。假設對方抓我兩臂，我以左腿為重心，雙臂向上展開，以化解其力，然後抬右膝頂其襠部（圖3－147、圖3－148）。

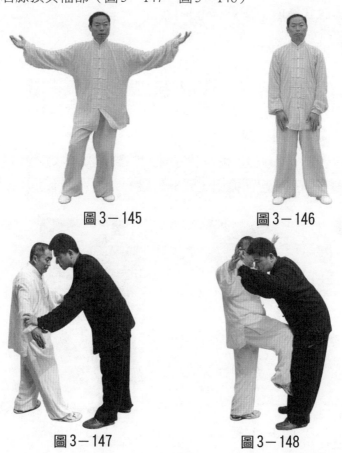

圖3－145　　　　　　圖3－146

圖3－147　　　　　　圖3－148

二、打手中拳架典型應用舉例

1. 起　勢

（1）對方雙手拿我兩腕或兩臂時，我先放鬆、收引而瀉其力，然後將其挑起而發出（圖3－149）。

（2）對方以右拳向我擊來時，我左手化解其攻勢，右手擊其頸項（圖3－150）。

2. 金　剛

（1）對方以右手進擊我時，我以右手控其右腕，左手控其右肘，先順其勢化解其力，然後折疊返回將對方發出（圖3－151、圖3－152）。

（2）對方右手擒拿我左臂的時候，我以反關節方式將對方向上挑起而擔出（圖3－153）。

圖3－149

圖3－150

3. 攔紮衣

對方右手拿我右手的同時，我將其右肘順勢托起並發出（圖3-154）。

圖3-151　　　　　　圖3-152

圖3-153　　　　　　圖3-154

圖3-155

4. 白鶴亮翅

對方欲合手端我左肘的時候，我沉肘化其勁，並順勢上步端其左肘而將其發出（圖3-155）。

5. 單　鞭

（1）對方擒拿我右手時，我鬆開右臂並引其落空，同時左進以左臂擔其肘部，擊其胸部而將其發出（圖3-156）。

（2）對方擒拿我右手時，我鬆開右臂並引其落空，同時以左肩擔其肘部，順勢將其發出（圖3-157）。

圖3-156

圖3-157

6. 斜　行

當對方左手擒拿我左手腕時，我左臂向右畫圈化解之，同時出左腿到其身後，然後左臂畫圈返回，順勢將對方發出（圖3－158）。

7. 琵琶勢

在對方左手擒我左手並向下反擰時，我身體向下沉化解其勢，然後左腿向前；同時左手逆時針向上畫圈，並以右手端其左肘而將其發出（圖3－159）。

圖3－158

圖3－159

圖 3－160

8. 伏 虎

對方在我身後將我摟抱，我用右手抄起對方的右腿，將其發出（圖3－160）。

9. 擒 拿

對方拿我右手，我即以左手放在對方右腕上方，然後左手向下，右手向上相對旋轉，將對方拿下（圖3－161）。

10. 肘底捶

對方用右手擊我，我以左手化解其攻勢，同時右手擊向對方（圖3－162）。

圖 3－161

圖 3－162

11. 倒捲肱

對方出雙手欲拿我左臂，我左臂放鬆，同時向左轉身化解其來勢，然後以右腳插入對方雙腳之間，右手控制對方左肘，左手控制對方左腕，以螺旋勁將對方發出（圖3-163、圖3-164）。

12. 閃通臂

對方出右手向我擊來，我左手迎接其右腕，同時下勢使對方上部力量走空，我則用右手抄對方右腿，起身將對方向我身後發出（圖3-165、圖3-166）。

13. 雲　手

對方以右手擊我時，我即出右手，拿住對方右手，並向右牽引化解其來勢，然後，我左手拿其左臂內側，將對

圖3-163　　　　　　圖3-164

方向左方發出（圖3－167）。

14. 高探馬

對方剛擒拿我左臂的時候，我虛勁化解其力，然後出右手拿控對方左臂；同時，我出左腿到對方右後側，用螺旋勁將對方發出（圖3－168）。

15. 插　腳

對方出右手擊我時，我左手相迎並轉身化其來勢，同時起右腳撩其襠部（圖3－169）。

16. 喜鵲蹬枝

對方以雙拳擊我時，我則以雙手上行，化引對方來勢，同時以右膝上提頂其襠部，然後用腳蹬其腿部將其發出（圖3－170）。

圖3－165

圖3－166

圖 3 — 167

圖 3 — 168

圖 3 — 169

圖 3 — 170

17. 鷂子翻身

對方拿我右手腕時，我右手順勢向右化解其來勢，然後以左手托其右肘，擒其右手臂，轉身將其發出（圖3－171）。

18. 旋腳蹬根

對方起右腳向我踢來時，我以右腳擺向對方小腿而化解之，然後迅速蹬向對方左腿根，將其發出（圖3－172）。

19. 前後照

對方右手擊來，我以右手迎之，我上左步，左掌擊向對方右腰部，將對方發出（圖3－173）。

20. 野馬分鬃

（1）對方以右手擊我時，我以左手迎之化解來勢；

圖3－171

圖3－172

同時右腳上前，右手畫圓，以挒勁將其發出（圖3－174）。

（2）對方以右手擊我時，我以右手迎之化解來勢；同時左腳上前，以左拳擊其右肋（圖3－175）。

（3）對方以右手擊我時，我以右手迎之化解來勢，同時左腳上前，以左肘擊其右肋（圖3－176）。

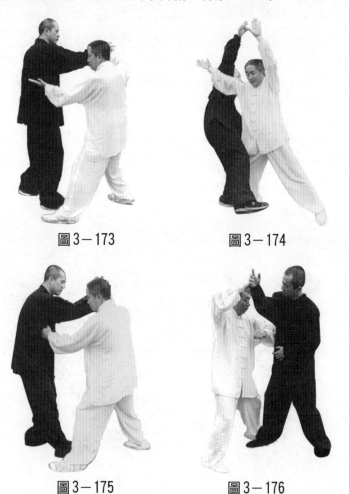

圖3－173　　　　　　　圖3－174

圖3－175　　　　　　　圖3－176

21. 跌 岔

對方以雙拳擊我時，我乘勢合掌，以手指上頂對方咽喉部（圖3－177）。

22. 金雞獨立

在對方擊我脖頸的時候，我提膝頂其襠部，出手上擎對方下巴，將其發出（圖3－178）。

23. 小擒拿

對方以左手擊我時，我以左手迎之並向右轉身化解其來勢，同時以右手控其左肘，並出左腿到其右側，然後向左轉身，右手將其肘向上托起，將對方發出（圖3－179、圖3－180）。

圖3－177

圖3－178

24. 十字手

對方以雙手控我雙臂，我以右手擒其右手，然後向右轉身，同時翻折其右手掌，將其發出（圖3-181～圖3-183）。

圖3-179　　　　圖3-180　　　　圖3-181

圖3-182　　　　圖3-183

25. 指擋捶

對方以右拳擊我時，我左手化解對方右拳攻勢；同時左腳上步，右手擊向對方胸腹（圖3－184）。

26. 砸七星

對方左手拿我右手向外折時，我迅即上右步，右手向右下落引領對方之力；同時我左手配合托其右臂，將對方向右發出（圖3－185）。

27. 雙擺腳

對方以右手擊我時，我雙手控其右臂向我右側化解來勢，然後起左腳撩掃其左腿，將其發出（圖3－186）。

圖3－184

圖3－185

28. 彎弓射虎

在對方以直拳擊我時，我雙手旋轉化其勁力，然後以雙拳攻其面部或胸部（圖3－187）。

圖3－186　　　　　　　　圖3－187

三、打手技術解析

侯氏太極拳特有的技法：冷、脆、快、狠、毒、驚彈、崩砟、抖搜、鑽翻、擰、螺旋等，並善用連環進招，環環相扣，一招跟一招，招接招，勁跟勁，連珠炮動，不給對方留有餘地。在手法上，著重節拿抓閉，分筋挫骨，採挒折別的連珠打法。太極十三勢歌：

　　　掤捋擠按本無弊，若無對抗似遊戲。

　　　採挒肘靠求無敵，冷脆狠準練絕技。

　　　進退套絆勾掛利，顧盼定間成武藝。

　　侯氏太極拳的打手，不發則已，一發必然放倒對方，乾脆俐索，沒有拖泥帶水。不管你的動作如何，對付的方法主要是拔其腿、制其根，實施擲法或跌法，將對方發出丈外，甚至顛翻倒插。不僅採用掤捋擠按採挒肘靠之上盤勁法，還保持了張三豐祖師所傳之下盤秘法，並具有纏跪挑撂，封套逼插之腿法，尤以偷步進身，奪位發放之打法為勝。

　　奪位發放是透過雙方的摸勁，並感知對方重心虛實的變化，內勁的轉換，運用自己的內勁，控制對方的勁路變化，憑著勁力以及身法步法的巧妙變化，誘使對方失重，從而不失時機地搶佔或跨越對方的中心位置，使對方處於背勢，處於失重，再配合內勁和功力將對方發出。

　　從實戰競技角度來看，以上這些打手方法尤為重要。練拳目的除了保健養生外，還有技擊散手。由打手而到散手，尤其講究功力和經驗，兩者缺一不可。

　　如果只是練架，從不與人交手，那麼接觸到敵手，不要說擊倒對方，連自衛的可能性也沒有了。所以競技性的打手，必須多加操練。聽化拿發，隨勢借力，守中出擊，起落進退，騰閃圓轉，分筋挫骨，節拿抓閉等方法要練習純熟。打手時，先練各種打法，由老師用各招法打，學生從中體悟，然後由學生一對一的練習。開始先放到固定位置練，到運用自如時，再以不定位的打法，尋找機會、角度、方向去打，也就是活打法。練到純熟，再練化勁，因為先練化勁後，一般很難打好打準，大家都善於走化，就不容易找出最佳的位置、力點、角度、時機，總之由招熟

而悟懂勁，也是一般練打手之規律。

《拳經》曰：「手到步不到，發人不為妙。手到步亦到，發人如薅草。」又曰：「心要佔先，意要勝人。身要攻人，步要過人。前腿似弓，後腿是蹬。頭要仰起，腰要長起，丹田要運，自頂至腳，一氣相貫。」身輕步穩進退旋轉要靈活，邁步如貓行，身正目銳，手足齊到，發人利索，這樣才是真正的太極拳打手。

侯氏太極拳打手訓練技法，包括上中下三盤秘法：掤捋擠按，採挒肘靠，起落進退，騰閃圓轉，纏跪挑撩，劈崩掛蹬等（圖3－188～圖3－193），還有手上的串子、腳下的絆子。但是綜觀其整體的用法，其關鍵是內勁運用。所以太極拳套路應與練內功相結合，四肢的動作和軀體相互協調，這樣才能做到隨心所欲，得心應手。

侯氏太極拳在打手和散手中，與人一搭手就能將對方擊倒，其功皆在於內勁，表面看上去視之為無，實是寓於

圖3－188　　　　　圖3－189

圖 3－190　　　　　　圖 3－191

圖 3－192　　　　　　圖 3－193

　　無形，借力打人，發人於對方不知不覺中。發人不露形，
實為達於化境的上乘功夫。

　　　侯氏太極拳打手有其獨特豐富的內涵，它保存了張三
豐祖師原創的太極拳上中下三盤技法，每一式、每一動都

有它的打手用法，其貫穿了太極拳整個功法訓練和技術應用體系。

1. 逼　法

（1）打手中，我以左手背順勢將對方左手逼至其右肩；同時我右手托住對方肘部，對方勢背而栽倒。

（2）打手中，我以左手將對方左手引至其右肋部；同時我右手托住其左肘部，令對方栽跌

（3）打手中，我以左手控制對方左手，我右手推對方左肩部，令對方栽跌。

2. 掤　法

打手中，我雙手同時向對方發力，對方向後栽跌（圖3－194）。

圖3－194

3. 捋　法

（1）打手中，我以右手抓住對方右手，左手托其右肘，向我右側後方引領，令其栽跌（圖3－195）。

（2）打手中，我右手抓住對方右手手指，突然向我右後側轉身，並以左手托其右肘部，托在我左耳處，再向我右後方引領，令對方栽跌。

圖3－195

4. 拿　法

（1）打手中，我左手突然指向對方咽喉處，右手乘機拿住對方右手腕，然後左手點其右肘，右手拿住對方右腕，我身形向左側轉，對方則栽跌。

（2）打手中，我右手拿住對方右手手腕，然後左手從對方右手下方向內向上伸，扳住對方手腕，以身形帶動，向我左側後引帶，對方則栽跌。

（3）打手中，我右手拿住對方右手手腕，然後向下扭，使其手指向下，然後左手推其右肘部，對方則栽跌。

（4）對方出右手，我以右手接之，然後我左手拿其右手腕，同時以右手配合，將對方向我左側引放，對方則栽跌。

（5）對方出右手，我以右手迎之，左手從下向內上拿對方右手腕，右手配合拿其右肘，對方則栽跌。

（6）對方出右手，我以右手迎之，同時拿住對方右手，左腿進入對方兩腿之間，別住對方右腿，左手拿其右關節，將對方向我右側放跌。

（7）對方出左手，我以左手迎之，並拿住對方左手腕，隨即我左腿邁向對方右腿外側，右手托住對方左肘關節，將對方放出跌倒在我左側。

（8）對方出右手，我以右手迎之，並擰其手腕，再以左手托之，對方則栽跌。

5. 別　法

（1）對方出右手，我出右手迎之，並帶住對方手腕向我右側引領，同時左手手心向外，搭在對方小臂上，左肘剛好頂在對方右肘關節處，身形向右一帶，對方右手被我引直，向我之右側栽跌。

（2）對方出右手，我以左手迎之，並拿其手腕，右手伸向對方右肘關節下方，向我右後側引領，對方則栽跌。

（3）對方出雙手，拿我左臂，我以右手別其右手，

使其搭在我左肘關節的右手負痛而跌。

（4）對方右手抓我肩膀，我右手別其右腕，使其栽跌。

（5）對方右手抓我頭髮，我右手別其右腕，使其栽跌。

（6）對方右手抓我胸部，我右手別其右腕，使其栽跌。

（7）對方出右手，我以右手迎之，左手托其右肘，令對方栽跌。

（8）對方出右手，我以右手迎之，再以胸部別其右肘，令對方栽跌。

（9）對方出右手，我以右手迎之，再以左臂別其右肘，令其栽跌。

（10）對方出右手，我以右手迎之，再以左肩頂其右肘，令其栽跌。

（11）對方右手抓我右手腕，我左手蓋住其右手背，再翻轉右手，別其右手腕，令其栽跌。

6. 採　法

（1）對方出右掌，掌心向下，我以右手向下採其指，令其栽跌。

（2）對方出右掌，掌心向下，我以左手搭在其右手腕上，右手採其手指，令對方栽跌。

（3）對方出右掌，掌心向下，我雙手同出，分別採其右手食指與小指，令對方栽跌（圖3-196）。

（4）對方出右掌，掌心向右，我以右手在內迎之，左手從上而採其指，令其栽跌。

（5）對方出右掌，掌心向右，我以左掌擋之，右手

圖 3－196

從下採其指，令其栽跌。

（6）對方出右掌，掌心向右，我以左掌從外擋之，然後左腕緊擋對方右腕，右手從上向下採其指，令其栽跌。

（7）對方出右掌，掌心向右，我以左掌擋之，右手從上切入，採其腕部，令其栽跌。

（8）對方出右掌，掌心向右，我以右掌迎之，並以右手大拇指採其小指，令其栽跌。

（9）對方出右掌，掌心向我直擊而來，我以右手採其食指，令對方栽跌。

（10）對方出右掌，掌心向我直擊而來，我以左手採其小指，令其栽跌。

7. 捌　法

（1）對方用右手向我擊來，我則用右手牽引其右

手,並上左腳到其身後;同時左臂捯向對方胸部,令其栽跌(圖3－197)。

(2)對方出右手,我以左手擋之;同時上右腳,以右臂捯向對方胸部,令其栽跌。

(3)對方出右手,我以右手擋之,立刻換左手擋之,然後上右腳,以右臂捯向對方胸部,令其栽跌。

8. 肘　法

(1)對方出右手,我以左手迎之,上步,以右肘擊向對方胸部,令其後跌。

(2)對方出右手,我以右手迎之,上步,以左肘擊向對方肋部,令其栽跌(圖3－198)。

圖3－197

圖3－198

9. 靠 法

（1）對方出右手，我以左手迎之，上右步，以右上臂撞向對方胸部，令其後跌（圖3－199）。

（2）對方出右手，我以右手迎之，上左步，以左腿絆住對方右腿，左臂別在其胸部，以左肩之力撞其右側，令其栽跌。

（3）對方出右手，我以右手迎之，突然下蹲，以左肩撞向對方右側肋部，令其栽跌。

圖3－199

10. 纏 法

（1）對方出右手，我以右手迎之，再以左小腿掛住對方右小腿並回拉，對方栽跌。

（2）對方以雙手擊我，我則以右手控制其雙腕；同時左腿從內或從外掛住對方右小腿回拉，使對方栽跌（圖3－200、圖3－201）。

圖3－200　　　　　　　圖3－201

圖3－202

11. 跪　法

（1）對方以雙手擊我，我則以雙手控制其兩臂，並以右腿貼住對方右腿，向對方右腿跪壓，使對方跌倒（圖3－202）。

（2）對方出右手，我以右手迎之，並以左腳從外別住對方右腳並跪壓之，令其跌倒。

12. 挑　法

（1）對方出右手，我以右手迎之，上右步，再以左腳挑向對方右腳跟，令其栽跌。

（2）對方出右手，我以右手迎之，上左步，再以右腳挑向對方內側右腳跟，令其栽跌。

13. 撩　法

（1）對方出右手，我以右手迎之；同時右腳撩向對方下陰部，對方負痛而跌（圖3－203）。

（2）對方出右手，我以右手迎之；同時左腳撩向對方下陰部，令對方負痛而跌。

圖3－203

14. 劈　法

（1）對方出右手，我以右手迎之，同時左腿上到對方右腿內側，向右轉身，左腿也右轉並繃直，絆住對方右小腿，對方則栽跌。

（2）對方出左手，我以左手控制其左腕，右手控制其左肘；同時右腿上到對方左腳內側，向左轉身，雙手旋扭對方左臂，右腿崩彈對方左腿，將對方發出（圖3－204）。

（3）對方出右手，我以右手迎之，並牽引對方右臂，轉身向右，左腳上到對方左腳外側，小腿繃直，令對方栽跌。

（4）對方出右手，我以左手迎之，並向我左側牽引，左腳上到對方右腳外側，右掌推向對方胸部，對方則後跌。

圖3－204

15. 崩　法

（1）對方出右手，我以右手迎之，左手放於對方背後，左腿從內絆住對方右腿，然後左手壓其背，左腿向左側方伸展，對方則栽跌。

（2）對方出右手，我以左手迎之並向左牽引，右腿從內絆住對方左腿，向左牽引；同時右手放其後背壓之，右腿向右側伸展，對方則栽跌。

16. 掛　法

（1）對方出右手，我以左手迎之並向左牽引；同時左腿掛住對方右小腿，右手壓其肩部，使對方栽跌（圖3－205）。

（2）對方出右手，我以右手迎之並向右牽引；同時左腿掛住對方右小腿，左手壓在對方右肋部，對方則栽跌。

圖3－205

17. 蹬　法

（1）對方出右手，我以左手迎之，右腳同時蹬其左右任一小腿，令其栽跌。

（2）對方以雙峰貫耳向我擊來，我以雙手迎之而控制其兩臂；同時我之右腳蹬其下陰部或大腿，令其栽跌（圖3－206）。

18. 化　法

（1）對方單掌擊我胸部，我身形略向左或向右傾斜，對方之力立刻化解。

（2）對方雙掌擊我胸部，我身形略向左或向右傾斜，立刻化解。

（3）對方雙掌擊我雙肋部，我雙手扶住對方雙肘，同時向下向內壓之，同時身形向下配合，立刻化解對方之力。

圖3－206

（4）對方右直拳向我左面部擊來，我左臂以雲手法由內向外翻轉而化解。

（5）對方右直拳向我左面部擊來，我上右腳，同時以小臂擊打對方右小臂，立刻化解。

（6）對方右直拳向我胸、腹直擊而來，我上右腳並略向左側身，立即化解之。

（7）對方右直拳向我胸、腹直擊而來，我上左腳並略向右側身；同時左手撥其小臂或肘部，立刻化解。

（8）對方右直拳向我胸、腹直擊而來，我上右腳並略向左側身；同時右小臂下劈，砸向對方右小臂，立時化解。

（9）對方右手抓我右手腕，我以雲手化解。

（10）對方右手抓我右手腕，我以倒捲肱化解。

（11）對方右手抓我左手腕，我以雲手化解。

（12）對方右手抓我左手腕，我以倒捲肱化解。

（13）對方雙手抓我左小臂，我以下琵琶化之。

（14）對方雙手抓我左小臂，我以上琵琶化之。

（15）對方雙手抓我左小臂，我先以下琵琶化之，然後再換為上琵琶。

（16）對方抓我左小臂，我以野馬分鬃化之。

（17）對方抓我右小臂，我上右腳，身形右側，屈肘回收，變為肘式並回壓而化解。

（18）對方右手拿我右腕，我即上右步，並向前推而化解。

（19）對方右手拿我右腕，我身形向右傾斜，並以我

之右手托住對方右肘而化解。

（20）對方在高位拿我右手腕，我即向右轉身；同時右手牽引對方之手從我頭頂過，左手托住對方右肘，則化之。

（21）對方右手拿我右腕，我即向右轉身；同時左小臂外頂住對方右肘，在我右手牽引下，則破對方之擒拿。

（22）對方右手拿我右腕，我即向右轉身；同時左手也放在對方右小臂上，以我左肘在牽引中挑動對方右肘，則破之。

（23）對方右手拿我右腕，我即向右轉身；同時以單鞭而化之。

（24）對方左手拿我右手，我即上右步，右手前伸向下而化解。

（25）對方左手拿右腕，我即上右步，右手前伸向下而化解。

（26）對方從正面抱我，我推其下巴，則化之。

（27）對方從背後抱我，我側轉身，以肘擊其心窩而化之。

（28）對方從背後抱我，我搬其任一手指而化之。

（29）對方從背後將我雙手與身體一齊抱緊，我頭部後仰，以後腦擊其面部，則化之。

四、打手技術綜合要求

1. 全身上下相隨相合

太極拳的架子與打手有密切聯繫，走架如打手，打手如走架。無論如何轉換，必須做到手與足合，肘與膝合，肩與胯合，外三合。不做到這外三合就是過與不及。

《七疾》訣中說：「上法需要先上身，手腳齊到方為真。」此語為太極拳打手和走架的真諦，研究太極拳打手必須從中去尋找奧秘。

人的身體是有重心的，要使身體平衡，不失勢，必須注意使自己重心在一定的範圍內移動，如果超出了一定範圍，就叫「失中」。身體一「失中」，就給對方有可乘之機。人的高、矮、大、小、胖、瘦不一樣，重心難以說明在哪一點，只有自己在練習中體會才能掌握。

而上下前後左右相合的原則是檢驗自己失不失中的一個外形標準。比如手超出腳尖以外，肘超出膝外，身就自然前移，重心就會隨著前移。在運轉接勁中，對方不用多大力就會把自己的身體引斜而不穩，使對方找到了發放的最好機會。

又如，自己的身、手已後收，而腳還在原來的位置不動，這就為失中，別人乘勢向前加勁，自己會後仰，「失中」成了自己失敗的根本原因。

太極拳把上下前後左右相隨相合作為一條打手的原則，是要求自己身體各部分的位置合理安排，適中對待。

適中、合理，那麼轉換就能自如，前進後退，左進右退，右進左退，全身一致，這就給對方一種無隙可乘的外形形象，對方則不敢輕舉妄動。

太極拳秘傳拳論中這方面的論述非常豐富，《天遠機論》中說：「手起腳要落，足落手要起」，「身要攻人，步要過人」。在《手法五要及步法》中說：「手足齊到方為真，身似游龍，起無形，落無蹤。進退旋轉要靈活，五行一動如雷聲，五行合一體，放膽即成功。」以上拳論，充分說明打手時必須做到身動手隨，手進身進，周身合一。

與人打手，遇化發，渾身上下做到外三合，才能有迴旋的餘地，才能有所成。外三合是外形上的要求，要做到外三合必須做到內三合。內三合是心與意合，氣與力合，筋與骨合。

內三合與外三合不能孤立看待，事物都是互相關聯的。要做到外三合，必須明內三合。內三合做到了，自然會帶動外形，做到外三合。如果心不知，意不明，手腳、肘膝、肩胯就不會按思想指揮去完成外三合。反過來，手腳、肘膝、肩胯不合，心與意、氣與力、筋與骨也不可能做到相合。他們互為因果關係。

內三合比外三合更難做到，外三合是外形，往往為人們上眼就看出；內三合含於內不顯於外，往往不易覺察。學者先求形似，後求神明，形神合一則渾身無間隙，遇敵制敵就會一動無有不動，一靜無有不靜，一開無不開，一合無不合，到此境界，打手技藝可臻成熟。

2. 明三節，知進退

太極拳打手要求合理地運用自己的三節，在黏走、運化、纏繞、絞轉中充分利用三節各自的作用使自己獲勝。

太極拳拳論中有許多明三節的理論要求。古傳秘訣中有「上節不明無依無宗，中節不明渾身空，下節不明自家吃跌」的論述，講清了明三節在走架打手中的重要性。人身自頭至腳為一大節，各節均可以一分為三，人身體可分無數個三節。秘傳拳論中對三節是這樣論述的：「人之一身而言，手肘為梢節，腰腹為中節，足腿為根節。分而言之，三節之中也各有三節。手為梢節之梢節，肘為梢節之中節，肩為梢節之根節；胸為中節之梢節，心為中節之中節，丹田為中節之根節；足為根節之梢節，膝為根節之中節，胯為根節之根節。總不外梢起、中隨、根追之理。庶不致有長短、曲直、參差、俯仰之病，此三節所要貴明也。」這裡講了大的三節，還有無數個小三節。

頭有三節，為額、鼻、口。腳手均可分為三節，手的三節：指為梢節，掌為中節，腕為根節。腳的三節：腳趾為梢節，腳背、掌為中節，腳跟為根節。手指又可分為三節，手指前節為梢節，中段為中節，近指根這段為根節。腳趾也然。

全身的三節分得細，能自如運用，就能在打手中做到擊中節則首尾應，擊首者尾應，擊尾者首應，就能較好地化解對方的勁力而順勢應擊。比如，對方制我臂三節中的肘，我給對方肘，以手出擊；對方制我梢節中的手，我以

肘、肩出擊；這樣三節相應，配合身法，就能做到動急則急應，動緩則緩隨，隨手奏效。

上節不明即無依無宗，還有一個意思，就是頭是人的大腦所在，一切命令由頭發佈，全身的進退轉換必須由大腦指揮。心意一動，則全身各部分因敵而變化，所以對頭部的要求必須明。

如何做到三節互相接應？如何在打手中遇勁走勁，化背為順，達到化則打，打即化，黏即是走，走則是黏呢？

我們從實際手法中的表現來探討。比如自己被對方雙手按住肘腕，對方用力前按，我遇力即配合身法，手前臂放他前來，從一旁走過，並以肩靠對方的胸部。這是中節、梢節被擊，根節接應，一走即黏，一化即打。再設對方雙手按我左手腕肘，我發現對方對我肘部用力大，對我腕部用力小，我即中節肘部順其勢轉化，以梢節手隨轉前擊。當然，肩、身各部位要齊進，這就是三節連環化解還擊。我肘部著人力，即把對方力的一部分轉移到我手上，我借到對方的力，及時還擊到對方身上，這是一種比較簡單的三節化發的例子。由此推之，當對方在我身上的其他部位用力，我都可以此原則來進行化打。

太極拳的三節要明，就是要處處懂得運用三節應敵。在對敵中，形勢千變萬化，目不暇接，需要上節保持清醒，同時要懂勁，經過一段時間的實際訓練，就能得心應手。

運用三節的原理去應敵，會產生一個良性的效果，就是使對方感到自己渾身都是手，全身各部位都能引、化、

拿、發，他無從入手。高明的太極拳家渾身都是手，不是指有無數的手，而是指他身體處處都能配合成一個整體，在觸點處即能引化拿發。

比如，對方以手拿我肘，我的肘柔化，即以另一手按住其連著我肘的手或手指部位，旋轉肘手，對方即被拿住，這是我手與肘的配合。這時，手是手，肘也是手。對方用一手按住我肩，我肩部柔化，以另一手按住我肩上他的手，旋轉動，對方即被我拿住，此時我的肩也是手。我以胸、腹、肋配合手臂拿人，此時我胸、腹、肋部也是手。肩、肘、胸、肋等部位當然不是手，表面上看，它們起不到拿人的作用，但一旦全身配合就能協助拿人，起到與手一樣的作用，所以讓人感到對方渾身都是手。

3. 以腰為軸，圓轉變化

以腰為軸，帶動全身圓轉，形成一個整體，這個整體勁即可把對方來力化解，並同時將對方擊出。一般是前半圈化解，後半圈打擊。

對方由於先動、妄動，在進攻被化解後，身體處於不平衡狀態，因而被順勢發放出去。若遇上來力不知圓轉，就會被人發放，這時就成了力大打力小。

雙方打手時，若對方用力拿我左臂，我左臂則順勢圓轉以化其力，這是一個圓；腰胯圓轉又是一個圓；膝部順勢順轉或逆轉，化解對方來力並順勢出擊，這還是一個圓。要求手、眼、身、法、步密切配合，全身各部位都順勢圓轉變化，互相呼應，以合力把對方連根拔起，將對方

發放出去。

圓轉的大小方向並無固定模式，一切從得機得勢出發，不從主觀妄想出發，這就是「招無招，無招勝有招」。常見的打手毛病是只固定在雙方接觸處圓轉，而不知道腰、胯、膝等處均要配合圓轉。若下盤是死步，不知虛實轉換，全身圓就不順遂，易遲滯，被人制或發人不得力。

圓轉的動作要小，就能迅即將對方的來力化解，加上自己發出的合勁，對方在瞬間就會遭到打擊而僕跌。線路短、時間少，對方往往來不及反應和變化，沒有化解的機會。

太極拳下盤圓轉化打的情況也很多。在架子演練中，就有各種各樣的腿法。腿腳的進退、左右的移步，都是圓轉的，絕不是單純地直提、直踩、直踏、直踢、直蹬。腿腳的圓轉要與手臂的圓轉配合，上下齊發，就可使對方栽跌。腳的動作有勾、擺、蹬、撩、纏、鏟、挑、壁、掛等，都是以圓轉為要。在打手時，下盤的動作可使人防不勝防，中招者立即被拔根而摔倒。太極拳的腿法在打手中有它獨特微妙之處，學者不可不詳細體會。

4. 引進落空合即出

打手中，對方要推、拿或擊我，我則不頂不抗，順隨其力，讓對方作用到我身上的力瞬間化於無形，從而找不到著力點，這就是「引進落空」。對方落空後，我則「合即出」，將對方發放，這裡面的圓轉、鬆柔、開合、吞吐

都是圍繞這一目的的基本方式。

引進落空具體的操作，就是鬆開對方要推、拿或擊的部位，讓那個部位順勢圓轉而動，使對方的力在一瞬間轉移了方向，在這一瞬間可以產生以下幾種效應。

第一，給對方一個錯覺，他誤以為已經抓住對方或擊中對方了，而我則在對方錯覺迷惑之時，獲得了反擊的時間與機會。

第二，能準確判斷對方情況。在引進的過程中，可隨時掌握對方來力的大小、方向、速度、虛實等，從而從容應對，聽對方的勁，順對方的勁，引空對方的勁。如果頂了抗了，就缺少了判斷對方情況的手段。

第三，獲得這一瞬間借力發放的最好時機。引進落空即把對方的力借到，加上自己的勁，順勢反擊，對方則喪失了進攻和反抗能力，也就措手不及、莫名其妙地跌出仆倒。

第四，達到了以小力打大力，四兩撥千斤的目的。其他拳術都是大力打小力，但在這引進落空的一瞬間，就能實現小力打大力。

第四章

侯氏太極拳的擒拿與反擒拿

擒拿就是透過反關節的方法制住和擒伏對方。擒拿勁屬小勁，用此小勁就可控制對方整個身體和勁路，是一種非常機巧的手段。

但是，擒拿方法也並不是一個無所不能的方法，凡是擒拿都有可能被破解，如果你擒拿方法掌握得不熟練，或者說運用擒拿手段的技巧和靈活性不如對方，你對對方的擒拿則會遭到破解，甚至會被反擒拿。

侯氏太極拳最顯著的特點就是將太極拳的圓圈螺旋勁與擒拿勁緊密融合在一起，凡搭手摸勁，不論招式，皆可使用擒拿。擒拿勁看起來是小勁，但對訓練我們的聽勁能力和反應能力都有極大的作用；在技擊實戰中，也是快速制敵的有利方法。

擒拿的勁路一般比較小，其主要作用點是指關節、腕關節、肘關節及肩關節等，透過對這些關節的控制，則可以以小搏大，用四兩之巧勁，破敵千斤之攻擊力。根據實際交手情況，可有單手擒拿式、雙手擒拿式及手腿配合式幾種制敵方式。若遇敵方使用擒拿，我可採用破解方法擺脫其擒拿並對其實施反擒拿。

一、擒拿方法解析

對方若出單掌擊我，我可使用單手進行擒拿，也可使用雙手進行擒拿；對方如果出單拳或雙手或腿腳擊我，我則需使用雙手進行擒拿，同時可能還要配合身法或腿法等。

1. 單手擒拿

若對方出手為手掌式，我則可拿其手指，用手指的反關節就可控制其全身。

（1）正擒拿手指

當對方單手擊我，指尖朝向我時，我以併攏之四指根部迎其指尖，然後迅速握拳，以四指尖扣住其手指第二關節，我手臂稍前伸，身勢下沉，使我手向前向下作旋轉，使對方手指向後彎折而形成背勢，可直至被控下蹲不能起身（圖4－1）。也可以在控其手指後，右手向順時針方向旋轉，或左手向逆時針方向旋轉，將對方控制挑起。

（2）側擒拿手指

①當對方單手擊我時，我以併攏之四指從其小指外側將其手指抓入到手掌中，我手指控其指掌關節，而以掌握之力

圖4－1

將其擒拿（圖4-2、圖4-3）。

　　②當對方單手擊我時，我從其食指一側將其手指抓入到手掌中，我用手指或掌根控其指掌關節，手臂下沉而將其挑起（圖4-4、圖4-5）。

圖4-2

圖4-3

圖4-4

圖4-5

圖4-6

（3）擒拿拇指

當對方單手前來時，我以手掌或指根迎其拇指，並以中指或無名指扣其指掌關節；或以併攏之四指握其拇指在我掌中，用小指扣其指掌關節而控制對方；或反過來用食指扣其指掌關節而控制對方（圖4-6）。

（4）擒拿小指

當對方單手前來時，我以併攏之指握其小指在我掌中，用小指端扣其指掌關節而控制對方（圖4-7）；或在手背交手一瞬間，用拇指別其小指而控制對方（圖4-8）。

（5）擒拿手掌外翻

當對方單手前來時，我以併攏之四指拿其同方向手的

圖4-7

圖4-8

圖4-9

圖4-10

掌內拇指或食指一側，並以拇指或掌後端扣其掌背小指一側（圖4-9）。

（6）擒拿手腕

當對方單手前來時，我以同方向手掌拿其腕部，並以螺旋勁向外扭轉，從而控制對方（圖4-10）。

2. 雙手擒拿

當對方出單手或雙手擊我時，我可以用一手擒拿其手指、手掌或手腕，另一手控制其肘部或前後臂而控制其全身，將其拿下或發出。

（1）下擒拿手臂

若對方以右手擊我時，我則以右手拿其手掌向下施以旋轉勁；同時，左手配合控制其肘部（圖4-11、圖4-12）。

圖4—11　　　　圖4—12　　　　圖4—13

（2）上擒拿手臂

若對方以右手擊我時，我則以右手拿其手掌向上施以旋轉勁；同時左手控制其肘部，將其向我右側發出（圖4—13）。

（3）外翻手掌

對方以左手或右手擊我時，我則以右手側擒拿其手掌或手指並向其後方翻折；同時左手配合控制其掌背，加大翻折力度（圖4—14、圖4—15）。

（4）捌拿手臂

對方以左手擊我時，我則以右手側擒拿其手腕，左手拿其肘並折其關節，將對方向我左側捌出（圖4—16、圖4—17）。

（5）挑拿手臂

對方以右手擊我時，我則以右手側擒拿其手掌，左手挑拿其肘關節，將對方向我右側發出（圖4—18）。

圖4-14　　　　圖4-15　　　　圖4-16

圖4-17　　　　圖4-18　　　　圖4-19

（6）金絲纏腕

當對方拿我右腕時，我則以左手控制其右手，不使其脫離我右臂；同時，我右手前出壓其右臂而將對方拿下（圖4-19）。

（7）折腕擒拿

當對方拿我右腕時，我則以左手向下壓其右臂，右手向上向前翻折其右腕而將對方拿下（圖4－20）。

（8）別肘擒拿

當對方拿我右手掌時，我則順其勢以右手向右側牽引其右臂，然後用左臂向前頂其右前臂和肘部而將對方發出（圖4－21）。

圖4－20

3. 手身腿配合擒拿

（1）身臂配合

當對方以左手向我胸部擊來時，我向右轉身化解其來力，並用右臂將其左臂夾在肋下，然後我再向左轉身，右臂別其肘而將對方向我左側發出（圖4－22）。

圖4－21　　　　　　　　圖4－22

（2）身手配合

對方抓我胸部時，我則以手壓住其手背不使脫離，然後含胸轉身而將對方拿下；或者對方拿我上臂或肩部，我以手壓住其手背不使脫離，然後轉身將對方拿下（圖4－23、圖4－24）。

圖4－23　　　　　　　圖4－24

（3）頭手配合

當對方抓我頭髮時，我則以手壓住其手背不使脫離，然後頭部向前而將對方拿下（圖4－25）。

（4）手腳配合

當對方以雙手擒我左臂時，我沉肘轉身化解其勢，然後我左手擒其左手掌，右手抓

圖4－25

其肘部，並且以左腳勾其右腿，合勁將對方發出（圖4－26）。

（5）手腿配合

當對方以左手擊我時，我則以左手拿其左手向左轉身化解其勢，然後出右腿進其兩腿間，以右手抓其左肘部，以手腿配合方式將對方發出（圖4－27）。

二、擒拿破解與反擒拿

所有擒拿都能夠被破解，能否破解的關鍵是，被擒拿一方要比擒拿方的勁路轉換更加靈活。破解的同時也會進行反擒拿，以彼之術，還施彼身。

1. 單手擒拿的破解

（1）單手破解擒拿手掌

當對方以右手抓住我手掌準備翻折時，我順其力向左

圖4－26　　　　圖4－27

轉身；同時右臂向下旋轉至身後，反擒拿其手掌，將對方
挑起（圖4－28～圖4－30）。

圖4－28

圖4－29

圖4－30

圖4-31

（2）拐肘破解擒拿手掌

當對方以右手抓住我右手準備翻撴時，我順其力屈右肘並向前，然後以右肘壓住其右臂而將其擒拿（圖4-31～圖4-33）。

（3）雙手破解擒拿手掌

當對方以右手抓住我右手準備翻撴時，我向右轉身牽引其來力，然後進右腿；同時以左手拿其上臂或肘部而將其發出（圖4-34、圖4-35）。

（4）外翻破解擒拿手掌

當對方以右手抓住我右手準備翻撴時，我則以左手拿其擒我之右手，雙手合勁向其外側翻折而將其發出（圖4-36、圖4-37）。

圖4-32

圖4-33

圖4－34　　　　　　　　　圖4－35

圖4－36　　　　　　　　　圖4－37

（5）金雞獨立破單擒手

當對方用左手擒拿我的左手時，我向左轉身，左手向左畫圓牽引對方；同時抬右腿頂其襠部，出右手擊其胸部或面門（圖4-38）。

（6）上捋破單擒手

當對方用左手擒拿我的左手時，我向左轉身，左手向左畫圓牽引對方；同時用右手擒其左肘，轉身將對方向我左側發出（圖4-39）。

（7）頂肘破解擒拿手掌

當對方以右手抓住我右手準備翻擰時，我向右轉身，以右手牽引其右手；同時用左肘頂其右肘而將其發出（圖4-40、圖4-41）。

圖4-38

圖4-39

2. 雙手擒拿的破解

（1）壁腿破雙手擒拿

當對方用左手擒拿我的左手，用右手搬抬我左肘時，我變換身形，以右腿進到其身後，並以右臂置在對方胸前，使壁腿將對方捌出（圖4-42、圖4-43）。

圖4-40

圖4-41

圖4-42

圖4-43

圖4－44

圖4－45

（2）上按破雙手擒拿

當對方用左手擒拿我的左手，用右手搬抬我左肘時，我變換身形，以左腿進到其身後，並以右手擒拿其左肘，按其左臂將對方發出（圖4－44、圖4－45）。

（3）擒單臂破雙手擒拿

當對方用左手擒拿我的左手，用右手搬抬我左肘時，我向左轉身，以左臂化解其擒拿，並以右手擒拿其右肘，別其右臂將對方向我左側發出（圖4－46、圖4－47）。

（4）擒手指破金絲纏腕

當對方欲用左手擒拿我左腕時，我則出右手擒拿其左手指（圖4－48）。

圖4－46

圖4－47　　　　　　　　　圖4－48

三、拳架應用中擒拿舉例

　　侯氏太極拳中，擒拿可以貫穿在所有的圓圈螺旋勁中，只要在交手中有採用擒拿的機會，就必會使用它，這在拳架的打手應用中突出得表現了出來。在拳架的每一勢中都能夠使用擒拿技法，下面僅舉數例以說明之。

1. 起　勢

　　此為擒拿手掌法，雙手合勁則可使對方跪倒在地（圖4－49）。

圖4－49

圖4－50

2. 金 剛

此為擒拿手臂法，既可順勢向上或向右發出，也可折疊返回將對方向左發出（圖4－50）。

3. 白鶴亮翅

此為手腿併用法，雙手擒拿對方手臂而將其控制，以腿的配合可將其輕鬆發出（圖4－51）。

圖4－51

圖4－52

4. 伏 虎

對方來抓我，其手掌即可遭我擒拿，重心一變，身形一動，即可將其發出（圖4－52）。

5. 擒　拿

此為雙手擒單手，以擒拿對方抓我之手掌而控制對方全身，使其窩倒而無法反抗（圖4－53）。

6. 閃通臂

閃通臂中常以金絲纏腕擒拿對方而將其發出（圖4－54）。

圖4－53

7. 雲　手

用擒拿手臂而控制對方，以腰為軸轉動身形，則可將對方發出（圖4－55）。

圖4－54

圖4－55

圖4-56

8. 高探馬

以擒拿手臂來控制對方，可輕巧地將其發出（圖4-56）。

9. 分門樁抱膝

擒拿住對方雙肘，身形轉動即可將其發出（圖4-57）。

10. 小擒拿

對方抓我手，被我反擒拿，向前一送勁，對方即摔出（圖4-58）。

圖4-57

圖4-58

第五章

侯氏太極拳技擊技術解析

一、技擊實戰練習的基本要求

拳架要和實戰相結合。練架時面前如有人，實戰時面前如無人，也就是說練拳為了實戰，實戰就要練拳。

練時連綿不斷，行雲流水，意氣君，骨肉臣，意要領先，全神貫注。實戰時，一招既出，滾珠連發，脆冷快狠，如開弓無有回頭箭，不能有半點鬆懈；稍許的鬆懈，必然吃大虧。

心理和技能相結合。練拳者對自己要有信心，與人交手心要佔先，膽要正，頭要清，要有心計，攻人攻心，預設陷阱，誘敵上當。這就要求在技能上狠下工夫，技能來不得半點虛假，只有時時操演，朝夕盤打，功才能強，藝才能精，技高膽子就正，才能在與敵人交手時，立於不敗之地。

在散手實戰中講究發手要冷、脆、快、狠、毒、驚咋、彈抖，並連環進招，勁路不斷變化，使對方沒有喘息之機。手法上講究擒拿抓閉，分筋錯骨，採挒折別。

太極拳的運轉是以圓為宗，以圓穩固自己的重心，把

對方引入圓圈之中，虛實變化，陽不離陰，陰不離陽，陰陽相濟，從而越練越精，達到人不知我，我獨知人的高級境界。

交手時，必須看住對方的手腕與肘關節。手和肘是打人的工具，同時也是看守門戶的工具，我們控制了對方的手和肘，使他欲進不能，欲退不得，門戶難守。我若端其肘往高處走，自然拔了對方的根，使其無力反抗；我若折疊其肘，對方也無法反抗。若用一手拉對方的手，一手端其肘，使其肘成一直棍，進退則由我。所以練拳架時要特別注意兩手之間的距離，在拳架中，始終是一手領，一手跟，前腳走，後腳跟。

在搏擊中，不論是前打、後打、上下打，都是採用前手打，後手催，形成一個整體的太極勁力而打出。

見空不打見橫打，見空不高見橫高。拳諺云：「操練時無人當有人，遇敵時有人當無人。」要勇往直前，無所畏懼。與敵交手時，要以順避逆，上下相隨，沾連黏隨，不丟不頂，纏繞螺旋，運用太極的圓與圈穩住自己的重心，迫使對方失去重心，拔去其根，將對方扔出。

二、技擊技術深層解析

立身中正，輕鬆柔和，用意不用力，出手運轉要以圓圈與圈形纏繞螺旋，不走直線，一動百動，一靜百靜，手動則身隨腳跟，毫無游移抽扯之形，快慢勻衡，不用僵力，做到前手走，後手跟，前腳走，後腳催。手到身到腳到，上欲動而下隨之，下欲動而上自攻之，中節動而上下

合之，形成一個整體運動，內外相連，前後相須，從而達到「上下相隨人難進」。

1. 求　整

由頭頂至腳跟，由肌膚至臟腑，上下內外先求統一。上欲動，下隨之；下欲動，上領之；中部動，上下合之。內外前後一氣，便是身形整。身形的整是活整、柔整，身體的各個部分要在運動中求得和諧，成為自然而然，這就要求練習拳架在「勻」上下工夫。

2. 懂陰陽

太極是渾然一體的整體，在太極拳運動中，太極則要分化成陰和陽兩種相對相依的運動要素，如靜與動、收與發、退與進、合與開、屈與伸、輕與重、柔與剛等等。

只有懂得陰陽及陰陽轉換的規律，才能進一步懂得太極，並最終修得太極功夫。

3. 明三節

太極拳中將人體分為上（頭）、中（軀幹）、下（四肢）三個部分，謂之三節。每一節又可分為三小節。

頭：額、鼻、口。

軀幹：胸、肩，腹、背，丹田、臀。

四肢：下肢——胯、膝、腳（足跟為根節，足掌為中節，足趾為梢節）。

上肢——肩為根節，肘為中節，手為梢節（腕為根

節，掌為中節，指為梢節）。

拳譜云：「上節不明，無依無蹤；中節不明，渾身自空；下節不明，顛覆必生。」又云：「氣之發動，要從梢節起，中節隨，根節催。」

最終要練成上自頭頂，下至足底，四肢百骸，總為一節。

4. 求六合

六合是內三合與外三合。心與意合、力與氣合、筋與骨合，是為內三合；手與足合、肩與胯合、肘與膝合，是為外三合。拳譜云：「一動無不動，一合無不合，五臟百骸悉在其中。」

5. 得六進

求六合，必須得六進，六進不得，六合難求。

（1）**頭進**：頭不進，全身不得進，因為頭為全身之主，統領全身。

（2）**膊進**：膊不進，手不能向前，進手先進膊。

（3）**腰進**：腰不進，力不足，進身不能不進腰。

（4）**步進**：步不進，則頭、膊、腰皆不能進。強進則身形散亂，難以發擲對方。

（5）**左進**：上左必先進右。

（6）**右進**：上右必先進左。

若要進，則全身整體無一處不進，否則全身各部分有進有不進，相互牽制，難於取勝。

6. 精身法

身法不精，力無所依，勁無所使，手腳遲緩。

（1）縱：縱則發其勢，一往而不返。

（2）橫：橫則理其力，開拓而莫阻。

（3）高：高則揚其身，而有增長之意。

（4）低：低則仰起身，而有攢促之形。

（5）進：勇往直前，有無堅不摧之勢。

（6）退：阻緩其勢，退即進也。

（7）反：反身顧後。

（8）側：側顧左右。

三、拳架在散手中的應用舉例

1. 起 勢

對方抓住我雙腕，我則鬆胯，引進而使其勁力落空，並抬腿頂襠，兩手雙風貫耳擊其頭部，再用手掌擊其面部，上步將其發出。

2. 金 剛

（1）對方右手抓我左手腕的同時，我以鬆引進，並用右手扣其右肘；同時抬腿頂襠制之，並擔肘將其向我後方扔出。

（2）對方用右掌攻擊我，我則用右手接其右手而向右側後牽引；同時用左手拳擊其右臂並控其右肘，然後轉

身捋其右臂,再回身用右肘擊其面門而將其擊出。

(3)對方用右手攻擊我,我用左手將其右手向左側領帶,用右拳擊其腹、胸,直頂上齶;同時抬腿頂其襠部。

3. 攔紮衣

(1)對方右手抓住我右手腕,我左手控其右肘,並以左腿為重心,右手向上領起而化解之,隨即左腳向對方左前側上步,翻其肘將對方發出。

(2)對方用右手攻擊我時,我出右手順時針旋轉向下再向其右側牽引其右手,之後用右手擊其面門。

4. 白鶴亮翅

對方左手抓住我左手腕,我右手控其左肘,並以右腿為重心,左手逆時針向上領起,隨即左腳向對方右前側上步,翻其肘將對方發出。

5. 單　鞭

在對方右手擒拿我右手時,我右手牽引其右臂逆時針向我右側運轉;同時,左腳向對方右側後上步,隨即以我左肱上頂其右肘而將其擔出,再向其右肋打一肘,進身用左臂將對方擊出。

6. 左白鶴亮翅

對方用右手攻擊我時,我出雙手接其右臂而向我右側

領化；同時，起左腳踢其小腿脛部將其腿挑起，使對方向我右側後摔出。

7. 斜 行

對方用右手攻擊我時，我出右手向我右後側上領其右臂；同時，左腳上步，然後以左腿為重心屈身，右腳上步到對方左前側，用左手掀其右腿或用左手推其右後部而將對方發出。

8. 伏 虎

對方如果在後面抱著我時，我鬆胯、橫出右腿下身並向左後頂肘，頂肘後隨即抄起其腿，順時針向右抬起而將對方摔出。

9. 小擒拿

對方用右手抓我右手腕，我用左手將其右手格開，右腳上步到其跟前，用右肘將對方擊出。

10. 肘底捶

對方用右拳攻擊我時，我用左臂格擋的同時，上左步用左拳擊其面門，隨即用左肘擊其胸口，右拳擊其腹部而將對方擊出。

11. 倒捲肱

對方用右拳攻擊我時，我用左臂格擋的同時，上左步

用左掌擊其面門；同時，右拳擊其腹部，並可向下抹掌，隨即再退左步並出右掌為連環掌。

12. 高探馬

對方用右拳攻擊我，我踢其小腿骨，用右手向後牽引對方而將其扔出。

13. 左蹬腳

如果對方有兩人攻擊我，我腿腳和雙手同時打出。

14. 青龍探海

對方用右拳攻擊我，我在對方伸手之際，上左步用左手壓其掌，並同時出右拳捶打其胸腹部。

15. 轉身二起腳

對方用右拳攻擊我時，我踢腿攻其襠胯；同時，出雙手制其右臂，然後上左步，右手向前抹其臉部。

16. 鷂子翻身

對方用右拳攻擊我時，我上左步接手，隨即右腳抬起攔在對方腿前，然後轉身，右手領其右臂，左手按其後背，兩手相合將對方發出。

17. 旋腳蹬根

對方用右腿向我踢來時，我抬起右腿向外掛其腿，然

後回踢其襠胯部。

18. 攔腰掌

對方用右拳攻擊我時，我用右手抓住其右腕，隨即上左步至對方右側後；同時，用左臂攔腰掌擊打對方右肋部，並可進身將其發出。

19. 抱頭推山

對方在我身後摟我時，我鬆胯並下蹲，在向上領起，發出。

20. 前後照

在對方出左手攻擊我時，我用前照，右腳上步到對方左後側；同時，左手向我左側領帶其左手，右拳擊打對方左腰腎部。在對方出右手攻擊我時，我用後照，左腳上步到對方右後側；同時，右手向我右側領帶其右手，左拳擊打對方右腰腎部。

21. 野馬分鬃

對方用右手攻擊我時，我向其右後側上步；同時，右手將其右手向我右側牽引，左手運至其胸前，進身將其發出。

22. 玉女穿梭

對方用右手攻擊我時，我出左手向上牽引其右手；同

時，出右手刺對方喉部，這也叫白蛇吐信。

23. 雲　手

對方用右拳攻擊我時，我右腳上步；同時用左手向我左側領帶其右手，然後用右肘擊打對方右肋或前胸部。

24. 小擒拿

對方用右手攻擊我時，我出左手拿其右手，並用右手向其右側搬抬其右肘，使對方翻倒；如果他上左手拿我右肘，我則用左手從其左肘下拿其肘部，左手向上抬，右肘向外翻壓而使其翻倒。

25. 指襠捶

對方用右手攻擊我時，我出左手拿其右手下壓；同時，右手變拳向其襠部擊打。

四、技擊實戰靈活用法

1.對方右直拳擊我，我上左步，並以右小臂擊其右小臂；同時，迅即反擊變掌擊對方面門，令其後跌。

2.對方右直拳擊我，我上左步，並以右小臂擊其右小臂，然後右肘頂向對方心窩，令其栽跌。

3.對方右直拳擊我，我以左手雲手而化之，迅即以左肘頂其右胸，令其後跌。

4.對方右直拳擊我，我以左手雲手而化之；同時，右拳擊中對方心窩，令對方後跌。

5.對方右直拳擊我，我以左小臂迎之；同時，右拳擊中對方胸部，令其栽跌。

6.對方右拳擊我胸腹，我向左側身化之；同時，右拳擊中對方胸腹。

7.對方右拳擊我胸腹，我上左步並向右側身；同時，左手托住對方右肘向我左側牽引，右掌擊對方面部，令其栽跌。

8.對方右拳擊我胸腹，我上左步，以右小臂下砸其右小臂，並迅即以右拳擊向對方面部。

9.對方右拳擊我胸腹，我左手從外向內向下拿對方右拳，然後右手配合，將其右手向我左側下擒拿，對方則栽跌。

10.對方右拳擊我面部，我左手從內向上拿其右腕，右手則搬其右肘，令其栽跌。

11.對方右拳擊我面部，我上左步，身體向左傾斜，右膝頂向對方下陰。

12.對方右擺拳向我左側擊來，我上左步，以左手牽引對方小臂；同時，右膝頂向對方下陰。

13.對方右擺拳向我左側擊來，我上左步，以左手牽引對方小臂；同時，右掌擊向對方胸部。

14.對方雙掌按我雙肋，我手扶對方雙肘，向任何一方旋轉身體，對方手指負痛而栽跌。

15.對方突出右手鎖喉，我即以右手蓋其手上，以我之除拇指之外的四指扣其小指一側，向我之右下方隨我之身形而搬，對方則負痛而栽跌。

16.對方突出右手鎖喉，我即以左手蓋其手上，以我之大拇指扣其手背，其餘四指搬其手向我左側而去；同時，右手配合之，對方則負痛而栽跌。

17.對方右手拿我右手腕，我即向右轉身，牽引對方右手；同時，左手托住對方右肘一齊向右，對方則跌。

18.對方右手拿我右手腕，我即向右轉身，牽引對方右手；同時，左手托住對方右肘一齊向右，突然返回折迭，向左方反向而行；同時，反拿對方右手，使其栽跌。

19.對方右手拿我手腕，我即向右轉身，牽引對方右手；同時，右手搭在對方右小臂上向右引勁，突然返回折迭向左；同時反拿對方右手，使其栽跌。

20.對方右手拿我手腕，我略向右側，在引帶對方右手時上左步；同時，出右肘砸向對方頭部。

21.對方右手拿我右腕，我向左略側轉；同時，左手拿對方右手，使對方栽跌。

22.對方雙手控制我左小臂，我上左步，以野馬分鬃化解並使對方後跌。

23.對方以白鶴亮翅拿我左手，我先截之，對方後跌。

24.對方以高探馬拿我左手，我之右腳旋出放在對方左腳外側，右臂以野馬分鬃擊其胸部，令對方栽跌。

25.對方雙手控制我左小臂，我突然以右手從下向上，插入對方雙手間，然後搬對方托在我左肘上的手，令對方栽跌。

26.對方起高腿踢來，我上右步，身體下蹲，左手托其足踝，右手擊其大腿，向左側牽引，令其栽跌。

27.對方起中腿向我腹部踢來，我以右肘下擊擋之，然後右掌直擊對方面部。

28.對方起低腿踢我左腿，我左腿略畫圓而化解。

29.對方欲起右腿，我上右步，左手按其大腿，右手按其面部，對方後跌。

30.對方右擺拳與左擺拳輪番而來，我上右步，雙小臂先迎擊右擺拳，再側身迎擊左擺拳，然後雙掌同時擊向對方面部與胸部。

31.對方出右手，我上左步在其右腳外側；同時，左臂以倒捲肱畫圓，左掌下擊陰部，上打面部，再以野馬分鬃擊其胸部，令其栽跌。

32.對方出右手，我以左手擋之，我上右步，右拳擊向對方心窩，隨即上擊向下巴，再以右肘頂之，最後又以右肘盤肘式擊其太陽穴。

33.對方出右手，我以左手擋之，上右步，屈肘，以右肘頂其心窩，再以右小臂擊其面部。

34.對方出右手，我以左手擋之，上左步於對方右腳外側，我之右拳自上而下以圓形擊向對方下腹，令其栽跌。

35.對方出右手，我以左手擋之，上右步，以迎門靠，即我右肩撞向對方胸部，令其後跌。

36.對方右手擊來，我以左手擋之，右腳突然撩向對方下陰部；同時，右掌擊向對方面部，令其後跌。

五、技擊實戰原則

1. 圓形之動

侯氏太極拳作為傳統太極拳的正宗傳承，其理論根據在於周易。周易的精義都表現在太極圖中。周易發端於距今一萬年前的新石器時代，在中國西部，陝西與甘肅交界之處的寶雞、鳳翔、岐山、長武、旬邑、平涼、天水一帶，生活一支大的部落，即伏羲部落，孔子的《易傳》與司馬遷的《史記》中都有「伏羲作八卦」的記載，伏羲氏「仰觀天象，俯察地理，遠取諸物，近取諸身」，「遂作八卦」，於是，出現了我們所熟知的先天陰陽八卦太極圖。此圖表現為一個圓，一個正 S 形自上而下貫穿之，將此圖一分為二，分為黑白兩半，簡單明確，栩栩如生，後人稱之為太極圖，全稱為伏羲先天陰陽太極圖。

從世界的起源來看，被稱為「無極生太極，太極生兩儀」。從世界的根本形狀來看，宇宙、銀河系、太陽系、地球、月球，直到原子、中子、質子、電子、誇克，一切皆為圓形。從世界的規律來講，「一陰一陽之謂道」，對立統一規律作為宇宙萬物的根本規律在太極圖中得到了形象的表達。這就是對於太極圖的根本解讀。

六百年前，道家武當派張三豐道長，數十年如一日，精研周易理論，旦夕揣摩太極圖之理，終於創出了從形式到內容都符合太極圖之理的強身健體、益壽延年、防敵禦敵的上乘功夫——太極拳。

　　太極拳無論從道理、形式、內涵、實質、打手、擒拿和技擊實戰上，點點滴滴，一切的一切，都必須符合太極圖之理。首先，要從形式上符合圓形之道，從打手來講，雙方在共同畫一個太極圓，從逼手到化解，從擒拿到反擒拿，每一個細節局部都在圓形中運動。全身整體又是一個大圓，大圓中套小圓，各種圓互相交錯，連綿不斷，無窮變化。

　　例如對方右手拿我右手腕，對方全身協調，整勁合一，各種圓最終形成他的右手以一個小圓來扭轉我的右手，使我的右手腕疼痛，繼而使我栽跌。但我可以用各種不同類型、不同方向的圓形化解方法。比如我可以使我的身體向右側做圓形轉動，帶動我的右手一齊向右圓轉，同時我的左手托住對方右肘，一齊向右圓轉，不僅破了對方的擒拿，同時又使對方向我右側栽跌。當然，我也可以讓身體左轉，同時用左手拿住對方的右手，同時向左做圓形運動，剛好順其圓形之勢，借力使力，不僅化解了對方的擒拿，同時又反拿對方，使對方向左栽跌。

　　再例如對方雙手向我胸腹按來，我立即上右步，同時向左側身，右手托住對方左肩部，一齊向左圓轉，對方按力立刻化解，同時對方不由自主向我左側栽跌。其實這就是侯氏太極拳的起式，兩手從兩側上抬畫圓，同時身體側轉，即可化解對方向我胸腹攻擊的各種力。

　　我們看電視中的各種拳擊、散打比賽，經常發現拳手們存在一個共同的缺點，那就是當對方力大快猛的直拳擊來時，往往以手臂硬對硬地抗擊之，這樣很容易受傷或被

擊倒。如果能在對方擊來的一瞬間，身形帶動手臂略微側身、圓轉，即可化解對方直擊之力。總之，以圓形化解直線之力，乃太極圓形之奧秘。圓形化解，即可化解對方勢力，又可以引動對方，借力使力，使對方栽跌。誠所謂「引進落空，四兩撥千斤」。

世人不知「四兩」如何「撥千斤」，其秘密全在於圓形之動也。在圓形運動中，對方的千斤之力，便立即會消失得無影無蹤。比如對方雙手使勁推我胸部，我只需身形向左或向右略微圓轉，對方之力便瞬間消失；如果此時我略加引動對方，對方便會栽跌於地。侯春秀先師全身整體包括任何一個局部都像一個萬向陀螺，絲毫不著任何力，任何形式的拳打腳踢，千斤萬斤之力，侯先師隨心所欲，可於瞬間輕鬆地化解於無形，「萬向陀螺，不著任何力」便成為侯春秀先師的技擊特點。

不僅化解靠圓形，進攻亦靠圓形。世界上所有的技擊實戰打法基本上都是靠硬打硬攻硬拼，比拼功力，成為力量之戰，而太極拳則以圓形而化解之，而且借力使力，對方攻擊力量越大，反擊力越大。

世界上所有的打法均以直線而進攻，太極拳則以圓形來進攻，所以太極拳出拳出掌後一般不收回，而是在圓形中不停地化、打，有無限的進攻可能。

例如其他許多拳的打法是一拳直擊對方，收回來再出第二拳，太極拳則不同，我一拳擊向對方的胸腹，在我的概念中不是直線，而是圓的一部分，畫圓剛剛開始，當我的拳擊中對方心窩後，立刻上行擊其下巴，然後屈肘，以

肘擊其胸部，再從側面以盤肘圓形攻擊對方頭部，一連串的圓形，無休止的變化，直到對方跌倒為止。所以，出拳是一個立式圓，此圓畫完後可以不停地再次圓形循環，也可隨意改變為其他圓。如果要向下擊打對方小腹的話，我的拳頭是向下畫圓的。

總之，圓形乃周易文化的太極之道，符合宇宙、人生、社會的大道理，符合世界的根本規律，故為太極拳技擊的最高指導思想。

2. 陰平陽秘

周易文化在古代社會幾千年的歷史發展中，滲透於社會生活的各個領域，但古人所說的「周易三式」則突出地體現了周易文化的內涵精神，從而也就成為周易文化的三大表現形式，分別為《黃帝內經》、《孫子兵法》、太極拳。而太極拳作為周易太極文化在生命文化中養生與技擊的突出形式，不僅直接體現了周易太極文化的哲學理念，而且特別吸收了《黃帝內經》與《孫子兵法》中的獨特理念，並化為太極拳自身的文化元素。這也體現了自明清以來，中國各種文化形式的相互滲透、相互包含、相互吸收、相互貫通的文化融合大趨勢，這是中國文化自宋元開始，到明清蔚然成風的文化現象。

《黃帝內經》作為中國醫學的最高典籍，包含了後世中醫學發展的一切指導思想。它認為人體生命健康的根本在於陰陽平衡，而陰陽平衡的主要表現則應為「陰平陽秘」。其意在於，陰要平和，陽要隱藏。陽不可鋒芒畢

露，不可直接暴露，而應潛伏、潛藏起來；否則，則會陽盛陰衰。當然也不能陰盛陽衰，而應透過「陰平陽秘」體現「陰陽平衡」的最高境界。而太極拳恰好就體現了這一根本性指導思想。

太極拳的鍛鍊放鬆、柔和、用意不用力，極柔軟極緩慢，以陰柔而表現，正所謂「上善若水」，「以柔克剛」，而陽則潛藏於陰中，絕不顯露，拳架如此，打手技擊亦如此。太極拳以柔克剛，以靜制動，後發制人，令犯者應手即仆，正說明這一點。

把太極拳和各種武術、搏擊之術進行比較，發現所有的拳法、打法、練法全都以陽剛而顯示於外，唯有太極拳體現了「陰平陽秘」的精神。而「陰平陽秘」作為《黃帝內經》的高端話語歸納，高度凝縮了周易文化在養生健身、技擊方面的最高指導思想。

明清以來，在三教合流的文化大背景下，周易文化精髓在社會生活各個方面都得到體現，例如對人格的要求就是，君子行世，立於天地之間，「外王內聖」、「出世入世」、「文武全才」，「夫君子者，必為謙謙君子，溫文爾雅，彬彬有禮」，而「身懷絕技，行走江湖」，絕不「挾技欺人」，橫行霸道，耀武揚威；而是永遠謙虛、謹慎、包容，這正體現了周易文化的乾坤精神，「天行健，君子以自強不息；地勢坤，君子以厚德載物」。

真正的太極高手，其形也圓，其動也柔，觸之無力，摸之如綿，然「綿裡裹鐵」，卻看不出來，其胳膊沉甸甸，極有分量，碰之如鐵，「靜若處女，動似脫兔」，柔

中帶剛，瞬間發動，電光石火，潛藏之力突然爆發，令對手猝不及防而束手就擒。

3. 剛柔相濟

「剛柔相濟」符合太極之道。「無極生太極，太極生兩儀」，兩儀為陰陽，所謂「一陰一陽之謂道」，而剛柔、虛實、鬆緊、上下、內外都構成了太極拳中常見的陰陽表現形式，剛柔關係是太極陰陽中的一個突出關係。

從無極式站樁開始，剛柔就已經體現出來，一直到太極拳訓練與技擊的所有環節，剛柔始終貫串其間。

太極拳的形式很柔，但內裡的內容卻剛。無論拳架與打手，都體現了這一點，只是它的剛是一種內力，潛在的力，不顯露於外而已；從勁來講，不是明勁，而是暗勁，是在柔形外衣包裹下的暗勁，看似柔軟無力，其實內藏剛勁之力。不過這一點在訓練中有階段性特徵。

在初學的階段，用意不用力，潛在之力幾乎沒有，只要保持姿勢正確即可。在第二階段，可以有意識訓練潛力，運用暗勁。在第三階段，剛柔相濟，形成自動自發之剛勁，力有多強多剛，身不由己，隨時隨地可以不同，但自己能感覺到由於長期訓練而產力的內家剛勁。

剛柔相濟體現了陰陽平衡的太極之道。古人云：「孤陰不生，孤陽不長。」剛柔二者對立統一，缺一不可。「陰平陽秘」，陰柔平和，陽剛潛藏，練到高水準，剛柔打成一片，並且有自動出現不由人之相；再往下，剛柔隨心所欲，行功一片神行，則為高水準高境界矣。

　　由於剛柔平衡相濟，故太極拳才被稱為「柔中寓剛，綿裡藏針」的藝術，才能「動之至微，引之至長，發之至驟」。

　　拳經云：「柔裡有剛攻不破，剛中無柔不為堅。」故而一剛一柔，對立統一，合為太極，缺一不可。在太極拳的訓練中，長期鍛鍊，積數年之功夫運化，摧僵化柔，積柔成剛，終至剛柔相濟，表現於外則是外柔，然裡邊為剛，外柔內剛，陰平陽秘，方為正道。

　　在搏擊實戰中，侯氏太極強調「重比輕來輕比重」。即對方力剛時我以柔化之，對方力柔時我以剛摧之。互剛互柔，剛柔隨時變化，則隨心所欲。

　　有了剛柔相濟，身體的「鬆緊」緊密聯繫，二者缺一不可。單純的「鬆」為「懈」，單純的「緊」為僵，都是錯誤的。太極拳要「鬆而不懈，緊而不僵」。

　　此外，侯氏太極拳又特別強調「鬆沉」的意感訓練，而且認為「鬆沉」的感受是太極拳的基礎功夫。全身整體放鬆，但要把拳架動作做正確，產生一種下沉之感，如同裹了綿的鐵一樣，沉甸甸的。這不僅指胳膊的下沉之重，也指全身由於放鬆而產生的整體鬆沉之力。在鬆沉基礎上再訓練局部緊、剛之力，則效果才能出來，也才從根本上符合太極之理。

　　剛柔相濟最終形成了太極之力，亦稱內家真力。所謂「引進落空，四兩撥千斤」指的是我以小力可以卸掉對方大力，但絕不意味我僅僅有四兩力就夠了，拳諺云：「練成千斤力，只費四兩功。」我必須練就千斤力，用時可能

只用四兩力。故內家真力上不封頂，整體內力越強越好。正是「要想四兩撥千斤，必先練就千斤力」。我有了千斤力的基礎，我只需用一點兒就能化解對方的大力，所謂「以柔克剛」就是此意。

太極高手由於剛柔相濟的內家真力已達高水準，故與人打手時，必定氣勢磅礴，內力渾厚，再加上高超的技巧，一搭手就產生一種巨大的威懾力，「挨手如紅爐鐵」，任憑對方身強力壯，來勢兇猛，也不能不處處受制，處於被動挨打的地位。如果太極內力十分強大，甚至可以直接施加于對方，讓對方落敗。

與高手搭手瞬間，一股強大的內力即源源而傳遞過來，令人沒有絲毫反抗的餘地，而且往往一搭手就會把人凌空拋出去，剛柔相濟的最終成果，即是強大的太極內力。故而，太極功夫作為一種中國功夫的高端成果，沒有太極內家真力作為其功夫之本是無法想像的。

4. 以意承先

所謂「意」，有兩重含義，一則為搏擊意念，比如說準備擒拿之意、擔肩之意、採手之意、肘擊之意、靠身之意等等；二則為長期訓練而形成的條件反射之意，如對方單掌或雙掌擊我胸，我必定會向一方略側身而化解，令對方掌力落空。

上述兩種「意」，都是長期鍛鍊而獲得的一種身心「感受」，這種感受不是表面的、浮淺的感覺，而是深層次的一種潛意識感受；不僅是具體的感受，而且是一種無

形無象的整體性感受，只要說「搏擊」，感覺立刻籠罩全身，在搏擊的每一瞬間，自動產生各種應激反應，很多動作身不由己。比如對方右直拳向我左臉擊來，我的應對方法有好幾種，但是實際用哪一種，由潛意識自動選擇。這時，沒有單詞，沒有句子，沒有語言，純屬潛意識發動，是謂「靈動」，或曰「神行」，在佛家為「末那識」，甚至「阿賴耶識」，在道家為「元神」主事。

故而，作為技擊實戰，必須有明確的搏擊意識，此意識須在日常訓練中培育並逐漸積累，無論拳架、打手、擒拿、反擒拿、散手都應有搏擊意識，久而久之，水到渠成，瓜熟蒂落，功到自然成。古人云：「全憑心意練功夫」，「心到意到，意到氣到，氣到力到」。如果沒有搏擊意識的引領，尋常一個大漢，亂拳打來，如何應對，必被三下五除二地打翻在地。

所以要注重意念，平時訓練，不僅要形鬆意緊，全神貫注，聚精會神，精神專一，而且老師在解拳架、解打手、解散手時都要結合技擊技術，具體講授技擊意念的內涵及應用。如果一種拳的技擊意念不明確，或者是低端的，乃至錯誤的意念，豈非誤人子弟，所謂「以其昏昏，何能使人昭昭」。

太極拳的「以意承先」，還表現為一種克敵制勝的決心與信心，無論訓練還是實戰，都要求有一種必勝的信念，無論頭撞、手擊、足踢、步過、身欺，都能體現出逼人之神態，動手之時，手腳齊發，全身齊動，所謂「銅牆鐵臂亦不懼，不獲全勝誓不歸」就是這種大無畏的精神氣

勢。故而，太極拳的「以意承先」，要求學習者平時應加強精神訓練。如果平時缺乏一種勇猛精進的精神訓練，實戰時必定膽戰心驚，舉步不前，前怕狼後怕虎，必致實戰失敗。總之，大無畏的精神訓練是「以意承先」的重要因素。

「以意承先」在太極實戰中特別要強調身心放鬆，「不管風吹浪打，勝似閒庭信步」，「任憑風浪起，穩坐釣魚船」。以放鬆之態，直入無人之境。

這種精神訓練，得多年運化，可達「以精養氣，以氣養神，意氣密合，無堅不摧」的結果。一旦出手，技術與功力的完滿結合，可達一招制敵，招招制敵，一片神行，隨心所欲之高深境界。

「以意承先」作為太極之意，可達到「彼不動，己不動，彼微動，己先動」的高水準，才真正體現出以靜制動，後發制人的目的。在具體實戰搏擊中，一旦接觸，便迎身而進，全身俱進，頭撞肩靠，肘擊膝頂，拳打腳踢，開合折迭，瞬間反應，只進不退，上下左右，渾然一片，凡腳、手、身，整體合一，身心合一，高度靈敏，制敵於瞬間，發放於無形，此為「以意承先」之高水準體現。

「以意承先」在實戰中要時時處處有一種料敵於先的敏感性，意念逆反心理，籠罩對方，一舉一動，舉手投足，俱在感覺之中，誠所謂「知己知彼，百戰不殆」，其時心神俱明，潛意識浮現，洞若觀火，元神主事，掌握一切。沒有長期的精神訓練，所謂「意念感知」，「意念籠罩」，「意念控制」將無從談起。從這點講，太極拳作為

一種真正意義上的「意念」之拳，恰如其分，名副其實，不懂「以意承先」，則遠離太極大道矣。

「以意承先」在實戰中還體現為「虛實變化」，無休無止，循環不已。太極拳處處體現了屈伸往來，進退開合，上下相隨，變化多端，虛實轉化，無窮無盡。

在平時的拳架與打手中，處處有明確的虛實意念，特別在打手時逐漸積累訓練中虛實轉化的各種細微感受，如彼實則我虛，彼虛則我實，虛中有實，實中有虛，虛實轉換，環環相扣。審慎聽勁，不斷試探，反覆體會，彼不知我，我獨知人，此聽勁功夫，天長日久，逐漸融會貫通，終會豁然開朗。

5. 捨己從人

「捨己從人」就是捨棄自己，跟隨對方，在俗話中被稱為「跟著走」，也就是無論是打手還是散手，跟著對方走。這裡隱含了兩點含義：

一為自己不設任何規範，不設任何局式，對於「我」而言，一無所有，四大皆空，有歸無極，無形無象，無為而治。不論對方怎麼動，我只是「跟著走」，彼上我上，彼下我下，彼左我左，彼右我右，彼緩我緩，彼急我急，絕不頂牛，絕不硬抗。

二為「捨得」，可以捨掉「我」的一切，對方要什麼就給什麼，要胸給胸，要腹給腹，要胳膊給胳膊，要腿給腿。這兩點合起來，構成「捨己從人」之意。

「捨己從人」從大前提入手，從根本上著眼來理解搏

擊之意。所謂「無為而無不為」。回歸無極，一無所有，表面看好像無所作為，然而，正是這種「無」、「空」，卻孕育著未來不可測的新變化、新程式。「一切有為法，如夢幻泡影，如露亦如電，應作如是觀」，故而，「無招勝有招，無限勝有限」，歸根結底，「無勝於有」。因為「無」，才能重新資訊編碼，才能靈活啟動隨機程式。此即「無為而無不為」之含義。

而「捨己」者，表面看，對方要啥給啥，豈不正中對方下懷，然而「物極必反」，當對方拿住你時，可能會感覺到成功，但是，「禍兮福所倚，福兮禍所伏」，禍福瞬間轉化，成功之時化為失敗之時，我跟著走，化解其力，迅速反擒拿，將對方反拿住。故而，「跟著走」從策略方法角度，的確妙不可言，「不頂不丟」，順其勢而行之，在對方最成功之時，「亢龍有悔」，暴露出弱點，我以打「物極必反」之時所暴露的對方弱點，正是周易思想的高端智慧解讀。所以，太極擒拿固然高明，但太極反擒拿更為高明，因為「物壯必老」，「樂極生悲」，事物總是向反面轉化的。在對方矛盾轉化的一瞬間，將其拿下，此謂「捨己從人」之高境界也。

例如，對方右掌直擊而來，我上前以右手迎之，在接手的一瞬間，我跟著他走，身形略右轉，抓住對方右手腕向我右側引領，和他出擊的方向一致，借他的力，引他的力，不過是略向右側一些而已，同時我之左手上前托住對方的右肘，也向我右側引領，我雙手整勁合一，順其出擊方向，再加上對方向前的衝力，對方必然向我之右側栽跌

出去。正是，借力使力跟著走，捨己從人顯威力。

再如，對方右手擒拿我右手腕，即對方右手抓住我右手指進行擰轉，我則不抗不頂，順其自然跟著走，我右肘自然擊向對方左太陽穴，同時我左手順勢抓住對方右腕，完全順著他用力的方向而擰轉，剛好「亢龍有悔」，「物極必反」，對方立刻被我反拿，栽跌於地。

在這裡，「捨己從人」體現了多種中國古代的高端智慧。

一則為待對方的擒拿與打擊到最強勢、最鼎盛時，我跟著走，一引一帶，立刻「物極必反」，對方必被我反拿，故而周易乾卦中的「亢龍有悔」確實是最高明的搏擊之道。這也告訴我們，由於「物壯必老」，故而事事必須留有餘地，謹防「亢龍有悔」。在太極拳打手與散手中尤其注意這一點，我不過分，適可而止，令對方無從下手，而我只要抓住對方「亢龍有悔」，即「物極必反」的瞬間，彼必被我拿住。

二則為「無為方能無不為」，捨己從人者因無任何預先設定而進入「無為」狀態，這樣就沒有固定的資訊編碼和設計的程式控制，隨機而動，見機行事，「彼不動，己不動」，對方一旦有微小發動，我立即跟著走，附著在對方的程式上隨機進行資訊編碼，此即為太極打手中的「聽勁」工夫，長年累月的太極拳拳架訓練的是「協調、凝聚、鬆沉、神行」之太極功夫，而長年累月打手訓練的是「聽勁」、「化勁」、「捨己從人」跟著走的功夫。如果說拳架作為套路，屬於有為法，那麼打手已經進入到「跟著

走」的無為法狀態，散手只是打手的一種極致表現，高端表現，散手中無固定模式，無固定程式，全憑臨時編制程式，隨機程式則典型地體現了「無為而無不為」的根本方法論思想。

三則為在搏擊中時時回歸「無極」，而「無極生太極」，完全看對方而行動，我只是「跟著走」而已。我在「無極態」中，行無為之事，然而，一法不立，萬法並容，一無所有，包羅萬象；無極太極，來回轉換；無極為本，太極為用；有為之路，借假修真；無拳無意，方見真意。無包含有，無勝於有；有感皆應，變化無窮。

四則表現為技擊中的「以靜制動，後發制人」。太極拳的技擊性與其他拳種的區別就在於此。捨己從人，後發先至，聽勁靈敏，借力使力而戰勝對方。故必以心靜意專，放鬆平和為本。太極者，為兩儀陰陽之道，故隨時處於陰陽、動靜、鬆緊、剛柔、虛實的轉化之中。而這種轉化的實現，歸根結底，在散手中必須透過「捨己從人」而實現。彼靜我靜，彼不動，我不動，彼動我動，彼微動，己先動。靜若處女，動若脫兔，極柔軟而極堅剛，極緩慢而極神速。雙方對抗，情況瞬息萬變，充滿不確定因素。故只能「跟著走」，所謂「動急則急應，動緩則緩隨」。以意承先，迅若電光石火，後發而先至，故能後發制人。不僅如此，後發制人還在於因長期訓練，而達到「人不知我，我獨知人」的境界，也就是聽勁功夫，意在敵先，使對方的任何動向，任何招式，在我聽勁之時，已經「知己知彼」，透過捨己從人，而使對方入我彀中，上我道中，

而被我反制，從而「百戰不殆」矣。

後發制人是以劣勝優，以弱勝強的策略，也體現《孫子兵法》中「避其鋒芒，擊其惰歸」的根本思想，故在實際技擊中，要善於引進落空，以柔克剛，避其銳氣，蓄盈待竭，抓住時機，打擊對方薄弱環節。

6. 急毒不覺

「急毒不覺」是侯氏太極拳的戰術原則，不論在打手中還是散手中，都應貫徹這一原則。急就是快的意思。反應要快，意識要快，手要快，步要快，最終是全身都要快，「無處不快處處快」，「無時不快時時快」，以「快」為技擊之本。「快」字當頭，以意搶先，令對方措手不及，方為「快」之含義。

所謂「毒」，表現為意毒與招毒，意毒即為在意念中必須一招制敵，招招制敵；所謂招毒，即每一個招式一旦運用，可令敵立即栽跌而落敗。

所謂「不覺」，即為「不知不覺」，在對方毫無準備之時，毫無感覺之際，突然出手，對方必定感到意外，感到不可思議，無法想像，無法理解，腦中一片空白，必敗無疑而心服口服。

太極拳要求「快」，以快制勝，但對「快」的訓練卻與眾不同，不是以快練快，而是以慢練快，極緩慢而極神速。為什麼慢練反而能達到快的效果呢？從哲學上來講，矛盾雙方必定「相輔相成」和「相反相從」，單純追求快，反而快不了，所謂「欲速則不達」，反過來，追求

慢，反而能達到快的目的，正是「相反而相成」的體現。

從現實來講，只有慢，才能全神貫注於全身的細微變化，才能聚精會神地去捕捉體內瞬間微妙的變化，才能專心致志地去感受每個動作的不同感覺，才能表現出「於細微處見精神」的精神。特別是，太極拳是用意不用力的運動，強調意念精神的訓練，而且這種意念，不僅僅是淺層次的眼、耳、鼻、舌、身、意的訓練，尤其要體會深層次的元神意念，即所謂「末那識」和「阿賴耶識」，也就是深層次的本我潛意識，而這種訓練，除過慢式運動，沒有別的方法能夠達到目的。

當然，這種訓練在初學者那兒，是有意識的、有為的慢動作，到了熟練水準，特別是協調水準之後，這種慢就會變成一種「跟著深層次感覺走」的慢，也就是隨心所欲之慢，是一種自動產生的無為之慢，每天每時訓練快慢可能不一樣，這時在慢的基礎更注重於氣機活潑，內力鼓盈，精神集中，全身凝聚。到了高水準境界，快慢就無所謂了，無所謂快，無所謂慢，隨心所欲，一片神行。

但在打手與散手中，無論在哪個訓練階段，則都要求一個「快」字，無論引進落空，無論捨己從人，無論擒拿散打，一定要快，搶佔敵先，方能戰勝對手。

「毒」的訓練在拳架中只是一種朦朧的意念感受，在打手中則化為真正的毒招，但因為打手一般也是一種訓練，只能點到為止，略有感覺即可，不能誤傷他人。唯一真正的用處只能在生死搏鬥時，在正當防衛的範圍內而用之，那時是真正的意毒招毒，此毒者，輕者致人傷殘，重

者可能致敵死命，故在現代社會，不可不慎也。

「不覺」的訓練即是意念，又是功夫，無論是在哪個訓練階段都應有之，拳架只是基礎，打手和散手是實戰應用。在意念中持久性地培養與確立「不覺」的意念與感受，在實際應用中任何招式的應用都應自覺主動地貫徹這一精神，一旦熟習、熟練，漸至隨心所欲，必可於無形無象中，在不知不覺中，輕易發人、拿人、放人，此謂之太極高手也。

7. 整勁合一

「整勁合一」是侯氏太極拳的功力要求，也是太極內家真力的內在要求。從拳架上說，太極拳一動百動，全身高度協調，這種拳架訓練，必然導致由協調到整勁合一，特別是與協調同步而貫串的放鬆到鬆沉，必定產生全身心高度凝聚的感覺，這種高度凝聚的感覺就是太極內家真力，由太極內家真力而表現出的整勁合一，就是真正的太極內家整勁合一。

現代科學的前沿理論之一協同論是由德國當代著名科學家哈肯所創立。協同論的基本觀點認為，世界萬事萬物，大大小小各類系統的正常發展與正常演化，必須在系統內部與外部環境的協調中才能實現，特別是系統內部各個子系統，乃至細分到系統內部最小的單位，因素互相之間都能高度協調同步，則該系統才能由混沌走向有序，才能正常演化實現全部程式而達到預定結果，也就是系統發展的良好結局，也就是社會生活領域內，包括人、一切生

命在內的成功。

　　哈肯同時指出，系統的協調性、同步性越好，水準越高，則越能達到最成功的演化；反之，如果系統的協同性出了問題，輕則成功率降低，低水準演化，重則就會導致系統崩盤，以失敗而告終。

　　根據哈肯協同論的觀點，我們可以理解到中國功夫的本質，即系統的高度協同。例如少林金剛掌的硬氣功威力，歸根結底就在於掌中所有的細胞高度協同而形成的高度有序化，在長期的反覆訓練中，由意念集中而引發的全部細胞有序化即能成就破堅奪剛的巨大力量。

　　對於像太極拳這樣的內家功夫，其訓練方法在放鬆狀態下，聚精會神，全神貫注，全身高度協調，身心完全合一，多年來堅持訓練，必定使全身的各個系統高度協調，乃至全身經絡、穴位、細胞全部高度有序化，這就形成了獨特的太極內家真力。故太極拳的「整勁合一」而形成的太極真力，必為所有身心系統要素的高度協同。

　　當年侯春秀先師身高178公分，體重不到100斤，但出手之際，所向披靡，令人莫敢挨之。今日侯轉運老師身高166公分，體重120斤，技擊之際，迅如閃電，內力迸發，發人於丈外。

　　此印證了協同論對於太極拳鍛鍊的巨大意義。故而，侯氏太極拳的獨特訓練方法，歸根到底，在協同中培養整勁合一的內家真力，再加上無與倫比的身手技巧，則顯示出太極拳的高端功夫。

8. 上下相隨

在對全身協調的要求中，「上下相隨」成為最突出的要求。上下者，對立統一，相輔相成，缺一不可。有上必有下，有下必有上。唯有上下相隨，才能在舉動之間，周身輕靈，全身貫串；上下一旦相隨，內氣必能鼓盪，內力方能由腳到腿，由腿到身，主宰於腰，形於手指，由腳到腿到腰，完整一氣，整勁合一，得機得勢，節節貫串。上下合一，如轉鶻之鳥，如貓捕鼠，步履輕隨，發勁如張弓。上下一致，內外相合，虛實清楚，對敵之際，如挫之力，則彼之根自斷。上下相合，則太極拳之六合要求才能實現，即手與腳合，肘與膝合，肩與胯合，心與意合，氣與力合，心與意合。上下一致，步才能穩當，身才能莊重，力才能沉實。上下相隨，必一動百動，一屈全身皆屈，一伸全身皆伸，由此，不論各種打法，如提打、按打、群打、烘打、旋打、斬打、沖打、肘打、膊打、胯打、掌打、頭打、進步打、退步打、順步打、橫步打，以及前後、左右、上下百般打法，都要一氣相隨，上下相合。

在實戰中，一旦上下相隨，則腳踢頭歪，拳打膀乍，窄身進步，伏身起發，斜行換步，攔打側身，展腿發伸，腳指東顧，又防西殺。上虛下必實，手快打手慢，靈機全憑揣摩，妙用尤須悟性。上下相隨，身手齊到，起手似閃電，進腿如迅雷；遠起腳，近加肘，再近善用膝，遠近皆宜。心整目聚，手足齊到必能贏。手到步不到，打人不得

妙；手到步也到，打人如薅草。上下相隨者，上打咽喉下打陰，左右兩肋中在心，前打一丈不為遠，近者只是一寸間，上下相隨瞬間力，任是神仙亦難逃。

上下相隨乃協調之本，同步之根，一旦達於高水準，則身動時如山崩牆倒，腳落時如樹栽根，手起如炮直衝，身動如蛇活行。擊首則尾應，擊尾則首應，擊中則首尾皆應。打前顧後，知進知退，心動似馬，臂動如風。

訓練時如有人，交手時如無人。前手起則後手連起，前腳動則後腳緊跟。有手不見手，有肘不見肘。拳不空打，打不空落。手起足要落，足落手要起。心要佔先，意要勝人，身要攻人，步要過人。前腿似弓，後腿要蹬。頭要仰起，胸應含住，腰要長起，腿要彎住。上欲動下自隨之，下欲動上自領之，上下動中節攻之，中節動上下合之。靜若處女，動若脫兔。靜如山岳，動若雷霆。出手如閃電，身動似迅雷，使彼沛然莫之能禦。上下同動不假思索，發動不及掩耳，至高境界者，舉手投足，皆不期然而然，莫之至而至。

當我上下相隨，手腳齊進應特別注意向對方的橫側進擊。古人拳訣云：「手到腳也到，打人如薅草；手到腳不到，打人不得妙。」就是說我要發全力進攻對方，必須手腳齊到，才能達到最大的效果。拳訣又云：「手腳齊進橫豎找」，就是我必須尋找對方的橫側方，也即我應向對方的橫側方進攻，可達到使對方失去重心，在我手腳齊進的進攻下而栽跌。

9.　鬆沉為本

「鬆沉」作為侯氏太極拳的根本要求，貫串在拳架、打手、散手的各個環節上。中國各門功夫，特別是內家拳都有對「鬆」的要求。但是，不僅要求「鬆」，而且要求「沉」，同時要求「鬆」而「沉」，即「鬆沉」，卻是侯氏太極拳的一大特色。

對於「鬆」而言，要求虛靈，沉墜，含拔。從無極式站樁一開始，就要求全身放鬆，在保持姿勢和動作的前提下盡可能放鬆，要求無處不鬆處處鬆，從肩、臂、手、掌、指，到背、腰、腿、足，尤其是意念放鬆，心平心和，對境無心，身心俱鬆，始終放鬆。一旦習練者真正達於上述「鬆」之境，則數十年的緊張、焦慮、糾結、困惑、鬱悶、煩躁將突然之間一掃而空，習練者將立刻進入一種從來沒有感受過的人生身心境界——無極態。

在無極態中，全身協調，身心安寧，所有的細胞得以休息，所有的氣血將瞬間自動歸經而開始正常的循經運行，所有的毛孔將打開，對外開放，與環境進行良性資訊交流，所有的大穴將在開放中吸納宇宙真靈之氣，外環境的負熵流將源源不斷地輸入內環境，促進內環境吐故納新，重新洗牌，內外環境的新負熵流將使生命程式重新編制程式、修改生命的資訊密碼，而使生命指標逆轉，產生新的能量，不僅使人健康，祛除疾病，益壽延年，而且無極態作為中國功夫之本，特別是太極功夫之本，是日後達於太極上乘內功的根本所在。

故「鬆」為本，乃一語道破天機，直指本質；一針見血，點明根本所在；一步到位，直奔太極功夫主題。

侯氏太極拳要求習練者在熟悉了「鬆」的感覺後，將此感覺進一步延伸而達於「沉」之境，既「鬆」又「沉」就是太極根本之理。如同一根鐵棒壓在對方胳膊上、肩膀上，乃至任何一個地方，沉甸甸地，對方感到壓力很大，很不好受，甚至被壓倒，跌在地上。這種「鐵棒重力」，「自然壓下」，就是「鬆沉」感的形象表達。

「鬆而沉」既是一種自我修煉感受，又是太極內家真力的根本所在，所謂「太極內家真力」，必須是由「鬆沉」感逐步發展而來。當年張三豐創建太極拳的初衷，謂之：「見世人練功者，後天之力用之過當，以至於傷丹而損元氣，故根據周易之理，河洛之要，而創出強身禦敵的太極拳。」故而，練功的高端要求，不能用後天之拙力、笨力，否則損傷元氣，損害健康。

故太極拳的指導思想就完全變了，根據中國最偉大的哲學思想——周易文化理論來指導，這一重要成果就是所謂「用意不用力」，放鬆、安靜、柔和、緩慢、畫圓而運動，此即太極之理，由此而凝縮為兩個字：「鬆沉」。故鬆沉符合周易之理，符合天道規律，也就成為太極拳內功訓練的根本所在。

在打手與散手中，同樣要時時處處貫穿「鬆沉」之理，在任何情況下，都不應有緊張之感，而是時時放鬆，處處下沉，不僅僅是「氣沉丹田」，「意入丹田」，而且整個人，整個身心有一種下沉的沉甸甸之感，這種沉甸甸

之感，隨著天長日久的訓練，將會日益增強，日益明朗，終有一天，完整的、高端的鬆沉感形成，則太極拳功力大成矣，鬆沉感越好，越強，太極內家真力越強，功夫越深。歷代太極高手，均被稱為「綿裡裹鐵」，胳膊伸來，猶如鐵棒壓身，身手一動，均為沉甸甸的一種力量，但這些高手，絲毫沒有用後天之力，其功夫蓋由「鬆沉」而所致。故「鬆沉為本」乃為侯氏太極拳的不傳之秘，功夫之本，學者尤當詳審之，思之，練之，而後必成之。

所謂「拳無拳，意無意，無意之中見真意」，離開了「鬆沉」將無從談起。而萬向陀螺的化解之力，「不丟不頂，沾連黏隨」的技術要求，靈活多變的身手方法，整勁合一的功夫凝聚，離開了「鬆沉」都無從談起。

協同論的協調統一，同步共振必在鬆沉的基礎上才能產生，巨大的內家真力必須在鬆沉的基礎上才能產生，巨大的內家真力必須在鬆沉的發展中才能形成，故鬆沉產生凝聚，凝聚來自鬆沉。由此而產生的太極內力絕非任何形式的後天拙力。

在打手時以鬆沉而產生的全身心感覺來與對方周旋，在打手的細節中以鬆沉感來細心揣摩體會「聽勁」，即對方力量的任何微小變化，在鬆沉中才能細緻入微地捕捉對方的任何變化資訊，在鬆沉中才能及時有效地化解對方的任何攻擊之力。

在鬆沉中我的至剛凝聚之力才能及時迸發，而給予對方致命一擊，在鬆沉中才能不斷地捨己從人，真正跟著對方走，對方氣喘如牛，大汗淋漓，我卻幾乎沒有任何消

耗，因為鬆沉而幾乎不支付能量，在打手對抗中，我幾乎不用什麼後天之力，任由鬆沉之力的自由迸放，以先天抗後天，以先天克後天，此乃真正的太極之妙。

初學者難免有後天拙力的對抗，但天長日久，應走向鬆沉之力的先天對抗，胳膊不用力，全身不用力，只用鬆沉而產生的先天太極之力，久而久之，方成太極之力對抗。故鬆沉為本，實為根本。

10. 和合凝聚

「和」者和諧，「合」者合作，一旦二者相結合，既和諧又合作，則會達於「凝聚」結果。「凝聚」則為身心凝聚，精氣神凝聚，全身力量凝聚，深層潛意識、末那識、阿賴耶識凝聚，元神與識神凝聚，本我、自我、超我凝聚，故佛祖在《大寶積經》中云：「和合凝聚，決定成就。」能深入地體會並理解這一點，則能從根本上理解中國功夫。一個人從一開始練功，不論其外形、姿勢、動作如何，內在本質都是「和合凝聚」，追求的「功夫」都是「和合凝聚」，功夫水準高低之差異其實也就是「和合凝聚」水準的不同。

太極拳以緩慢柔和的圓形運動來達到「和合凝聚」的目的，在拳架訓練的每一個動作中，均貫穿「和合凝聚」之要求，故而太極拳特別強調「用意」，「以意承先」。

何謂「意」？說穿了，就是一種放鬆狀態下的獨特身心感受，一種高端的自我生命體驗。具體來講，放鬆、柔和、圓形，而且要求「聚精會神」、「全神貫注」、「專心

致志」、「以意承先」，在放鬆中感受，在緩慢中體會，以至於細緻入微，感受深入，卻絕非猛力、拙力、快速運動所能達也。故太極拳對「意念」，即「和合凝聚」的體會最深入，最細緻，達於本我元神潛意識之深處，沒有語言，沒有單詞，沒有語法結構，沒有話語體系，但「和合凝聚」的語境早已輸入靈魂，滲透於每一個細胞，體現於每一招每一式。在打手與散手的每一個點上，無論是化解，還是擒拿，或者散打，都要體現出「和合凝聚」的特徵。如果不能「和合凝聚」，力量將是分散的、零碎的、片斷的，那麼太極拳的任何招式都將無法發揮作用，在搏擊中必定以失敗而告終。

「和合凝聚」的形成是一個太極拳的修煉過程，初學者一開始先求形似，把動作做正確，然後再求協調，在協調基本到位後，就開始體會凝聚，由點滴體會到全面體會，由表面到深入，由單純動作到身心合一，最終走向全面的、高度的「和合凝聚」，那就是太極內家功夫的形成。故而由熟悉到懂勁，由懂勁到漸及神明，最終一片神行，而致功夫大成，其關鍵在於「凝聚」。

「凝聚」者把一切感覺都深層次地凝聚起來，才能實現「協同論」的高度統一，「控制論」中的高度控制，最終達到「整勁合一」的內家真功夫。

11. 放長擊遠

「放長」一指肢體放長，二指勁力放長；「擊遠」一指意念放遠，二指發人放遠。二者合為「放長擊遠」。

　　侯氏太極拳按照周易太極圖的原理指導,「圓環無端,勁力無限,永無止境,連綿不斷」。在拳架訓練中圓圓相連,環環相扣;在搏擊中招招連綿,永不停止。在拳架訓練中從一開始就突出「放長擊遠」的意識,新學員初學時,天人合一,內外合一,動作開闊,畫大圓,走大步,在放鬆狀態下儘量肢體伸展,同時從感覺上、意念上有一種很遠的感覺,比如雙手出「掤勁」,似乎力量可達前方很遠的地方。即按照前人的說法:「先求開展,再求緊湊」,後來功夫日成時,動作可能更隨心所欲,可能會小,但意念卻更深更遠。特別在打手與散手中,每一招式的運用,感覺到要把對方發放到數丈之外。

　　「放長擊遠」是貫穿所有動作、所有招式的意念,所以任何一種短勁、寸勁、彈勁都不符合這一要求,都應該處處留心,時時注意而加以克服。當年侯春秀先師在世時,發人如割草,打人於無形,一旦「放長擊遠」,不管任何動作,瞬間可將人發於丈外,例如僅用「高探馬」一招,就能打出十幾種不同方位、不同勁道、不同距離的結果,令人歎為觀止。

　　而侯轉運老師隨心所欲的擒拿方法,可發人於四面八方,確實功夫高深,令人內心折服。

　　「放長擊遠」的真正成功,不僅在於克服和避免「短勁」、「寸勁」、「彈勁」、「抖勁」,而且在具體運用時,身心合一,上下一致,身形整勁合一,全部感覺「和合凝聚」,特別是步到身到,一步控制對方,拿捏好時機與位置,內力瞬間迸發,借力使力,意念中多年訓練所形

成的「放長擊遠」的濃厚意識，必可一舉奏效，發人於丈外，足見太極功夫之妙。

12.　中正制勝

侯氏太極拳的一個重要特點在於：處處中正，時時中正。在中正中訓練，在中正中打拳，在中正中打手，在中正中化解，在中正中擒拿，在中正中戰勝對手。故而，侯氏太極拳的所有動作及其運用，全在正面位置，而不在側面。儘管身形變化，但不管怎麼變化，都在正面位置。

例如，在金剛的掤捋擠按中，掤時身形正面向前，捋時90度右轉，正面向新方向，擠與按又90度左轉，正面向原來的方向。所有的動作，沒有側面動作，或者僅僅過渡一下，一晃而過。在打手與散手中，正面面對對方，避免側身方法。

中正的另一理解在於手與身形正面永遠一致，身到哪個方向，手亦到哪個方位；反過來，手到哪個方位，身也到哪個方位，身手永遠一致，而且手與身之中正始終一致，不允許手與身正面的偏離，舉手投足，任何一個手的動作，必定與身的正面相照應。

例如，在雲手時，左右手分別從身正中而起，而在經過高點向兩側落下時，必與身正中而相對，故而雲手實際上是兩手各管半個身體，右手在右側，左手在左側，分別畫右與左兩個圓，身形時刻與手相對應，身體正中必定略轉身而保持一致，互相照應。這種身手一致的要求，對於在正面的所有動作，身形不宜誇張，不能過大，有則即

可，所謂「既要一動百動，但又不可妄動」。對於太極拳的任何動作，則手臂必與身形相配合而協調照應之。

在打手時中正體現為一旦有背勢，立刻身形變化，身手一致，立轉背勢而變為順勢，中正特徵使習練者時刻立於不敗之地。中正制勝體現在所有的訓練與搏擊環節中，散手的應用也遵守面對正面的基本原則，這是搏擊制勝的基本原則。

六、技擊實戰之秘法

總結侯氏太極拳的技擊實戰方法，可以歸納為「上中下三盤秘法」，現分述如下：

1. 上盤秘法

上盤秘法為：掤、捋、擠、按、採、挒、肘、靠，攬、扣、鎖、撅、疊、挫、扯、擲。

（1）掤

古拳譜云：「掤在身臂」，「掤要撐」。掤作為太極功夫的基礎功時時處處體現出來，貫穿於技擊實戰的全過程。掤在具體運用時要注意不可死頂、硬頂，而應用體現為靈活運用的特徵，掤勁說有就有，說無就無，隨時可以轉化為其他勁法。

掤勁的運用絕非拙勁、硬勁，而是剛柔相濟，鬆沉為本，綿裡裹鐵的太極勁力，靈活而沉重，富於彈性和韌勁，可發、可打、可逼、可黏、可化，隨心所欲，運用自如，充分體現太極內家真力之功的威力。與對方搏擊，首

選掤勁，以掤為先，聽化拿發，借力使力，以柔克剛。掤勁進可攻，退可守，掤勁的充分運用，可使不凸不頂，沾連黏隨，運用自如，從而破壞對方的平衡，最終，「引進落空合即出」，將對方以掤勁發出。

前人有詩云：

太極功夫掤為先，內家真力非一般；

凝聚協調上下隨，放長擊遠敵膽寒。

（2）捋

古人云：「捋在掌中」，「捋要輕」。捋法典型地體現了「引進落空」，小力勝大力，後發制人的原則。所謂「引之使來，不得不來」，使對方入吾殼中，入我陷阱，給對方造成威脅。

捋的本質是借力使力，引進落空，「四兩撥千斤」，任由對方千斤力來襲，一捋一帶，則泥牛入海無消息，千斤力在瞬間被化於無形，實為太極以柔克剛之妙。

詩云：

捋法引進彼力空，隨時應用妙無窮；

大捋小捋皆如意，千斤化解於無形。

（3）擠

從身形來講，擠可以逼迫對方，適當的擠法能使對方失去平衡而傾倒。從手臂來講，擠法體現兩手合力，頗有威力。古人云：「擠要橫」，也就是擠法的勁力走的是橫勁。又云：「擠在身臂」，「擠在手背」，體現身形和雙手

之合力。

詩云：

適時逼迫即為擠，雙手相合亦為奇；

橫勁專破對方力，折疊絕技世間稀。

（4）按

「上有雙手向前推，下有單腳勾掛絆；上下相隨齊用力，任是神仙亦枉然」。按法體現上下相隨的合力，手按身擁腳絆，雙掌按向對方胸腹，可一招制敵，一按奏效，對方必傾倒後跌。古人云：「按在中攻」，「按在腰攻」，即用全身整勁合力而按，正所謂：「根節動，梢節發，中節齊到生妙法」。

有詩單道按法的好處，詩云：

掤捋擠按各有妙，唯獨按法最獨到；

上下相隨力凝聚，任是神仙亦難逃。

（5）採

採為一種十分靈活的擒拿法，為高端手法。用我十指，適時到位採拿對方十指中的某一指或某幾指，可以雙手同採，也可單手單採，往往悄無聲息，因勢利導，對方毫無知覺，一招制敵，已經跌倒於地。

古人云：「採在十指」，意即採者與拿手指，拿住哪個算哪個，逮住幾個算幾個，故古人又云：「採要實」，拿住拿死，一舉奏效。古人又云：「採在十指要抓牢，其妙就在把擰中。」如十字手、小擒拿等，抓牢、扭轉，引

跌，可分筋錯骨，扯裂關節，令對方疼痛難忍，跌倒在地。

詩云：

> 採法靈活隨時用，悄無聲息已被擒；
> 上下左右全籠罩，太極採拿妙無窮。

（6）挒

挒勁是向斜前方或側後方發出的力。古云：「挒要驚彈」，速度要快，在金剛、雲手中都有明顯運用。

詩云：

> 挒法驚彈威力強，出人意料走斜方；
> 奇正相生處處險，高手疏忽亦難防。

（7）肘

太極拳云：「遠用手，近用肘」，「有手不見手，有肘不見肘」，「寧挨一拳，不挨一肘」。在近戰，肘法的威力令人望而生畏。

特別是肘法對頭部、肋部的打擊速度快，極隱蔽，防不勝防，往往一招制敵。太極肘法由太極圓形變換而來，在倒捲肱的圓形中可以直接轉化為肘法應用。無論練還是應用，必在全身放鬆的情況下而表現，由腰帶動靈活盤肘，變化多端，威力無窮。

詩云：

> 太極肘法威力猛，突如其來無影蹤；
> 盤肘全憑腰帶動，瞬間凝聚力無窮。

（8）靠

古云：「遠拳近肘靠自胯」，「靠要崩」，一旦雙方接觸，我以靠法行之，以整個人的整體力量撞擊對方，令對方猝不及防，一旦被靠上，立刻跌倒丈遠。如果在採、拿、捌等招法中配合靠法，則更是錦上添花，威力無窮。

有詩單道太極靠法之妙，詩云：

靠法隱藏不見形，一旦接近隨時用；
渾然一體趁隙入，令彼騰空心膽驚。

（9）攦

用雙手緊扣而拿捏對方，常用于各種擒拿法中，分筋錯骨，採拿手指俱離不開攦法。

詩云：

攦法拿捏扣對方，十指猶如捲炮手；
瞬間一緊敵痛疼，武林高手亦難救。

（10）扣

當對方出拳時，我以指點對方指關節，即為扣法，令對方疼痛難忍，而被制伏。

詩云：

我指靈活扣彼指，專扣關節痛難忍；
自從扣法來世間，從此無人敢伸手。

（11）鎖

用於拿住對方的某個關節，令其無法動。

詩云：

> 刁拿鎖扣用法奇，太極擒拿無可比；
> 鎖住關節即被制，走遍天下無人敵。

（12）撅

突然出手，扳折對方關節。

詩云：

> 撅手應用在突然，折疊變換只瞬間；
> 扳折關節顯奇妙，縱然英雄也膽寒。

（13）疊

往返折疊，來回擒拿。

詩云：

> 往返折疊費思量，來回擒拿更為強；
> 太極出手不停歇，無限招式誰能擋。

（14）挫

在擒拿中分筋錯骨，擰斷推送，斷其根，破其勢，瞬間疼痛而跌倒。

詩云：

> 挫手運用無可防，只要伸手必被挫；
> 我掌彼指如何擋，勢如破竹誰能過。

（15）扯

在擒拿中扯斷、撕裂對方的關節、筋骨、皮肉之法。

詩云：

> 人體缺陷誰可知，搭手撕扯痛疼時；
>
> 任是高手亦難防，必為聽勁反應遲。

（16）擲

破其根，變其重心，將對方凌空拋出。

詩云：

> 太極擲法妙無窮，瞬間破根令敵空；
>
> 發人騰空隨心願，揮手之間不見形。

2. 中盤秘法

中盤秘法為起、落、進、退、騰、閃、圓、轉，含、拔、通、挺、環、管、吞、吐。

（1）起

起者，上也。但要上，必先在下，才能有上。起為整體力，即整體向上。起一為動作，二則為意念，即一種整體感覺。一旦意動，全身整勁合一，一種蓬蓬勃勃的力量動盪於全身。

有詩云：

> 力拔山兮氣蓋世，腳起腿伸夾脊動；
>
> 內氣鼓蕩勁無窮，發人丈外必騰空。

（2）落

落者，下也。欲落必居上，落下必鬆沉。氣沉入丹

田，命門必加固；通脊又通背，渾然整體力。丹田為中心，控制全身心；上下一條線，左右遂心欲。下肢須穩固，丹田催內力，全身要通達，鬆沉為根本。

（3）進

進者，近也。真正的搏擊，必為近身短打，肩靠肘擊，貼身擒拿。上下左右，全部掌控，隨心所欲，一招制敵，正反折迭，招招勝算。進者，只進不退，可左側，可右側，如萬向陀螺，化解對方一切勁力。同時積極防禦，化中帶打，化中帶拿，化中制敵。

古云：「一寸短，一寸險。」距離太近，眼花繚亂，手足無措，一片茫然，電光石火之間，必為我乘。貼近對方，兇險萬分，陣腳必亂，對方必敗，只在瞬間。近者，不以直近，更不似轉圈，而為太極斜行之步，審時度勢，從兩側走，對方已然進入被動之態，我之靠肘，野馬分鬃已經成型，對方動與不動，必於我套。

古人云：

太極斜行步奇妙，晃眼之間身已到；
上下鎖扣雲手勢，肩靠肘擊敵難逃。

（4）退

退者，反身也，側身也。以退為進，退步原來是向前。其本質是改變方位，其中既隱含化解，又隱含進攻。例如，倒捲肱的應用，在換步側身時我之腳進入對方兩腳之間，並以劈、崩之法，加上手法令對方跌倒。廣義地講，在太極左右斜行步的變換中，就明確體現出進退互相

轉換之意，而上下步的打手更是進退轉換步的具體應用。
古人云：

> 左右斜行妙無邊，折迭轉換緊相連；
>
> 移形換步身形變，退步原來是向前。

（5）騰

騰者，一為中盤胸腹變換，二為內氣騰然。二者內外相合，打成一片。心到意到，意到氣到，氣到形到，形到神到。而且廣義地講，不僅胸腹，而且全身到處皆可體現之，如小臂大臂、小腿大腿、上身下身、胸前背後皆然。但就其實質而言，實為內氣鼓盈、內氣騰然，蓬勃之力萌生，身不由己而發。出於本性，發于性靈，腎間動氣，夾背通達，內力透出，意感無窮。

故古人云：

> 騰落首向胸腹間，丹田鼓蕩氣騰然；
>
> 命門夾背俱通達，內家真力顯高端。

（6）閃

閃者，閃避也。對方一掌出來，直擊我之胸腹，我在瞬間略側身，即可閃避其力，其本質既為化解，又為卸力。電光石火之間，將對方之力卸掉，對方縱然千斤、萬斤之力，突然之間，泥牛入海，無影無蹤。閃者，一個瞬間的小圓，不顯山，不露水，不露痕跡，能使對方千斤之力無影無蹤，足顯太極圓形化解之妙。高明的閃避者其身體整體，乃至任何一個局部，都如同萬向陀螺一般，不著

任何力，任你拳打腳踢，隨意打來，都在一剎那間化解與
卸載。

故古云：

> 任爾千斤之力來，四兩撥動一切力；
>
> 閃避化解不露形，太極之圓顯奇蹟。

（7）圓

圓者，太極圈也。太極拳之每一動作，都體現出太極
圈的形態。太極拳，無非是各種圓的綜合，大圓、小圓、
平圓、立圓、側圓，各種不同圓的交織，構築了太極拳的
拳架、打手，乃至一切用法。在中盤之圓，更要體現丹
田、命門的平圓，會陰與丹田、命門中點的立圓，胸腹之
圓，脊背之圓，手型的瓦楞手之圓，小臂與大臂的相合之
圓，腿部之圓，所有的動作不出圓，合手圓，更兼心圓意
圓，內外相合之圓，方合宇宙天道之本。在打手與搏擊
中，圓形克制直線，圓形化解一切力量，完美的圓戰無不
勝，太極之圓成為中國功夫的至高境界。

詩云：

> 天圓地圓萬物圓，心圓意圓感受圓；
>
> 天道之本皆為圓，太極之妙必為圓。

（8）轉

轉者，腰之運動也。「處處留心在腰間」，不論拳架
訓練還是打手應用，腰為軸心，全身任何運動皆為一動百
動，然而運動軸心在腰。腰亦為控制中心，控制大小動

作，控制協調性，控制技巧的應用。在功力層面，著重控制中心點在命門，所謂「命意源頭在腰隙」，即為命門。命門在背部腰脊處，命門的正對面是神闕，即為丹田的中心肚臍眼。

「一陰一陽謂之道」，丹田命門一陰一陽合為一個太極圓，故太極拳的控制中心在於太極圖，「全身無處不太極」，從頭到腳，全身處處皆太極圖，然而最根本的太極圖，就是丹田命門合成的太極圖，此為全身運動、內家功夫的根本控制中心；故而，所謂太極功夫，所謂內家真力，所謂功夫之本，必以此控制中心而形成，懂得了這一點，才能從根本上領悟中國功夫。

丹田命門二者形成的陰陽太極圖從技術層面上解讀，一則為二者必須時時貫通，再形成體內一個太極圖，然後才能產生內力，是為真力，最高水準能產生「太極靈力」，即達「一片神行，爐火純青」之上乘境界。二則為一個太極圓圈圍繞前後左右，腰一動，太極圖旋轉，全身身動意動力動勁動，特別是腰之兩側的時時轉動，是為技巧之本，學者宜在訓練中細細品味之。

最後特別要說明的是，太極拳的訓練，在放鬆中應由腰部動作來帶動全身動作，但腰部動作應儘量小，不要過大，尤其記住「不可妄動」，要動的適中，在點子上，恰到好處。

詩云：

丹田命門是為根，內家真力助英雄；
腰隙一動全身動，太極靈力顯真功。

（9）含

含者，含化也。在搏擊中，胸部為對方攻擊的重點區域。太極拳以含化而化解之。含化者，即以含胸之式，同時加上略微左側或右側，即可化解一切攻擊來勢。無論掌、指、拳，抑或踹、蹬、踢，還是抓、拿、扣，只要有攻擊到達胸部，我之胸部瞬間同步含化。即可化解一切凌厲攻勢。做一個恰當的比喻，我之胸部如同一個萬向陀螺儀，只要加力，便立刻旋轉，在圓圈中化解各種力。而且這種陀螺屬於萬向轉動，可以瞬間在360度的立體空間隨意旋轉。特別是這種旋轉遵循「適可而至」，並不過分，而是恰到好處，行止如意。

例如，對方一掌向我正面擊來，直達胸部，我同時含化之，略向左側，不顯山不露水，令其千斤之力「泥牛入海無消息」，瞬間無影無蹤，而我之含化動作，小到旁觀者幾乎看不出來。真是太極之妙，妙不可言。

詩云：

> 太極陀螺萬向儀，毫無蹤跡不著力；
> 瞬間含化妙無比，千斤之力無消息。

（10）拔

拔者，後拔之意。如果說含化為前胸太極之本，那麼，後拔則為後背之本。後拔亦為含胸拔背之意，有含胸者，必有後拔者，含胸就意味著後拔。後拔亦為上拔之意，從技術層面講，唯有後拔，才能形成含胸，而化解前胸之一切攻擊；而後拔本身，則可以化解後背之攻擊力，

故後背的萬向陀螺儀之化解方法，只要後背著力，在瞬間的後拔反應中即可化解一切背後的攻擊之力。

從功夫層面講，唯有後拔、上拔，才能引動真氣通督通背，莊子曰：「緣督以為經，可以全生，保命，度百歲而去。」在中國道家的「金丹大道」的丹道修煉中，「小周天一通，百病消除」。小周天者，乃任督交流，任降督升，即任脈在前胸氣血下降，在背部，氣血沿督脈上升。小周天的關鍵難點在於督脈難通，督脈一通，一通百通，一順百順，一了百了。

可見，通督成為中國功夫之本。加上剛才講的丹田命門太極圖，發動真氣，沿後背的意念推動真氣沿督脈上升，是為小周天也。小周天一旦純熟，可使真氣沿全身十四經脈運行，日漸熟練，可由通督達通背，形成丹道周天、子午周天、卯酉周天，直至貫通奇經八脈。八脈中除任脈督脈外，還有陽蹺脈、陰蹺脈、陽維脈、陰維脈、衝脈、帶脈，則是真正的功夫大全，功夫頂極。這種頂級功夫由張三豐等這些真人可達到，所謂「真人、至人、聖人」者也。今天的修煉者，只要能達到丹田、命門、督脈三位一體貫通，打成一片，即可達太極功夫高端。

詩云：

　　　　意沉丹田第一關，貫通命門緊相連；
　　　　通督通背通難關，無限風光連成片。

（11）通

通者，順通無阻礙也。一旦丹田命門連為太極，意沉

丹田，命門動氣，則真氣必沿督脈而升也。通脊通背，過玉枕，升百會，督脈總領全身之陽氣，陽氣為生命之根本能量，則會從根本上改變生命本質，脫胎換骨，老樹接嫩枝，天機發動，氣由百會而下達經脈臟腑，由百會沿任脈而下者，如汩汩清泉，甘露沐浴，灌溉四肢百骸。陰陽平衡，陰平陽秘，益壽延年，返老還童，生命指數逆轉，負熵流引進，更新編碼，再造程式，不僅入健康長壽之道，而且達上乘功夫之境。

詩云：

> 真氣通達至百骸，督升任降氣穴開；
> 陰陽太極合大道，蓬勃生機自會來。

（12）挺

挺者，挺拔也。挺可理解為瞬間挺胸，也可以理解為手、臂、腿、腳、身體每一局部皆為挺之，最後還應被理解為全身整體之挺。挺與沉是對立的，但也是統一的，世人只知鬆、沉，而不知太極拳尚有「挺」之說，無挺則無鬆，無挺則無沉。沉與挺構成了一個對立統一的太極關係。挺作為侯氏太極拳的一大特點，在實戰中隨時應用，如在各類靠法中，在靠向對方的一瞬間，挺法突然應用，立即威力無比。

詩云：

> 騰脊挺胸為一絕，靠法威力不可缺；
> 沉挺轉化在瞬間，太極應用妙法多。

（13）環

環者，環顧也。侯氏太極拳無論在拳架還是打手、散手時，並不以眼睛關注對方，而是以心關注對方，以心環顧四周，在交手時以心環顧對方，將對方以意念環顧而上下左右都關注到。只有意念環顧，才能達到：「彼不動，己不動；彼微動，己先動。」

前人有詩云：

視而不見意念動，聽而不聞元神覺；

環顧四方與上下，任是神仙亦難躲。

（14）管

管者，控制也。一旦元神發動，內力震盪；身心合一，意念無所不在，心靈洞若觀火；捨己從人，隨心所欲；反應靈敏，一觸即發；一法不立，萬法並容；有感皆應，有意即發；和合凝聚，高度控制；如影隨形，無招無式；出於本心，發於性靈；著熟懂勁，一片神行；粉碎形式，動靜皆宜。

有詩云：

意念承先心必動，元神靈魂顯奇功；

內外相合隨心欲，太極環管是神行。

（15）吞

吞者，吸收也。一則為全身感覺內斂，只進不出，只收不放，向內凝聚，向中心合和；絕不能發散，渙散，喪失中心控制。二則為吸收一切，任對方千斤、萬斤力量襲

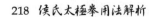

來，任對方拳打腳踢，我不經意地一抬手，一投足，腰一撐，身一晃，全都無影無蹤，毫無音信。

侯氏太極拳特別強調正面對敵，並不側身，對方加之于我胸腹之間的各種力量，我只略側身而含胸，即在瞬間化解之。誠所謂：「海納百川，有容乃大。」包容一切，吸收一切，此法不僅在於胸腹，而且在於全身任何一個部位，全身任何一個動作都適用之。

詩云：

> 瞬間吞吐不顯形，萬斤之力無影蹤；
>
> 湖中釣叟任風波，陰陽轉換心意靈。

（16）吐

吐者，外放也。吐有奇訣，法有妙諦。凡吐必為內感，可明可暗，可大可小。在發力之瞬間，吐氣揚聲，必為「哼」與「哈」二字。或發聲，或小聲，或無聲，總之必有內感。在拳架與打手的長期訓練後，條件反射形成，一遇發力，內感立顯，哼哈二氣，吐氣發力，全身內氣鼓蕩，凝聚合一，一旦迸發，威力無窮。知此意者，在日常長年累月的訓練中，略有意而為之，日久必成之。

與人交手，得機得勢，瞬間吐氣，哼哈二氣凝聚為整體內家真力，以意而摧，威力無比，凌空發放，猝不及防，談笑間發人於丈外，足見其內家真力之絕。

詩云：

> 太極內勁威力強，六合凝聚意念長；
>
> 哼哈二氣摧真力，凌空發放無可擋。

3. 下盤秘法

下盤秘法為纏、跪、挑、撩、劈、崩、掛、蹬，勾、掰、截、點、繃、趾、滾、捲。

（1）纏

纏者，纏繞也。如對方單腿在前，或對方單腿進我腿側或腿間，我以外纏或內纏如藤纏樹般將其腿纏於我腿，再配合身形向我之側方或後方折之，對方必定跌倒。

詩云：

> 對方進腿必被纏，如藤纏樹速沾連；
> 配合身形向後折，拔根跌倒在瞬間。

（2）跪

跪者，跪折也。如對方單腿在前，或對方某條腿與我某腿相接，我迅即以跪法跪向對方小腿，即以我之小腿跪向對方小腿。跪法可內跪，亦可外跪，隨機得勢，靈活運用，在對方不經意之意，一舉奏效，可令對方立刻傾倒。

詩云：

> 雙腿相接一瞬間，或內或外隨心願；
> 身形協調小腿力，得機得勢我為先。

（3）挑

挑者，挑起也。當對方某條腿在前時，我迅即以我腳，或左或右，挑向對方腳後跟，或以我腳內側面，擊對方腳之內側面。此法發動突然，利於拔根，再配合全身動

作，對方必傾倒在地。

詩云：

> 挑法突然彼難防，拔根失重力被牽；
> 瞬間落空覺不妙，聽勁反應已為晚。

（4）撩

撩者，撩到也。上下相隨之際，上手或實或虛，下腿毫無聲息，亦無蹤跡，突然而發，由下至上，撩向敵之下陰；或腳尖，或腳面，據勢而發；或左腳，或右腳，意動腳動。順勢而行，一招制敵，於間不容髮之際，令敵猝不及防；從無消息處，突然起腿，必中敵之要害。出其不意，攻其無備，一舉奏效，威力無比。

有詩單道撩法的好處，詩云：

> 我彼相遇中長距，隨意撩腿必突襲；
> 上下相隨敵難防，太極腿法招精奇。

（5）劈

劈者，斷也。彼我對敵，我突側轉身，我之右腳插入對方雙腳之間，我之右腳跟絆住對方左腳，身形晃動，略向左轉，可拔敵人左腳跟，如配合右手在其肩、臂、背，以倒捲肱式壓之，上下相合，彼必跌倒於地。

詩云：

> 插腿轉身招法妙，手壓腳絆彼身搖；
> 劈腿只在腰身動，瞬間拔根敵傾倒。

（6）崩

崩者，崩裂也。崩之力更大於劈之力，在白鶴亮翅中，當我在控制住對方的小臂後，並將其手腕擒拿，我之右腿以劈法別住對方左腳，在下壓對方左肘時，以更誇張的腿法後撤，對方瞬間騰空，頭下腳上，其時天崩地裂，無堅不摧，令對方或重傷，或骨折，後果嚴重，此法以崩裂之勢而對敵人心驚膽戰，可謂太極頂級殺手招也。

又有詩云：

崩式腿法太誇張，天崩地裂無可防；

危險招式應慎用，太極擒拿頂尖強。

（7）掛

掛者，掛住也。在高探馬招式中，一招擒拿住對方手腕，同時我之小腿已然毫無聲息地掛住對方的小腿，上手發敵之肘，掛腿的後腿撤折，敵人身軀立被扭成麻花狀，且被打翻，頭下腳上，必受重傷，乃至有生命危險。此招過於兇險，習練時宜點到為止，慎之又慎。

詩云：

太極腿法精又奇，隨時掛腿無聲息；

上下相合一發動，任是神仙亦無計。

（8）蹬

蹬者，直蹬也。順勢得機之時，隨起腳而直蹬，或向小腿，或向膝蓋，或向大腿，靈活多變，隨心所欲，一旦得手，對方必應聲而倒地。

詩云：

> 敵我搏擊空隙多，得機得勢隨蹬腳；
> 小腿膝蓋脆弱處，蹬實受傷必傾跌。

（9）勾

勾者，勾掛也。此處勾法，指以我腳勾住對方腳，對方即被我所制，又放不倒我，又被我控制，略加變化，身形動處，對方傾倒在地。

亦有詩云：

> 勾盤剪挫何人曉，滾套襯截識者稀；
> 腳步靈活隨到處，一招制敵勾亦奇。

（10）掰

掰者，折斷也。特指以我之腿法，分開對方雙腿之法，亦可理解為管住對方的某腿某腳，而在不知不覺中，為我所乘，為我所用，於敵惶然之際，制敵於無形中。

詩云：

> 掰法奇妙敵難防，我腿隨進敵慌惶；
> 暗叫不妙已為遲，發力之際必騰放。

（11）截

截者，阻擋之意。在對敵之際，以我之靈活腿法阻擋對方之進攻腿法，破壞其下盤意圖，而我在阻擋之時，乘機將我之腿法充分施展開來，而後發制人，令敵失敗。

詩云：

截法之妙君未識，先截後進只暫態；

身形轉換局勢變，措手不及必被制。

（12）點

點者，點擊也。在太極下盤腿法中，點擊威力主在於膝，其招隨時可用，瞬間奏效。膝之點擊可點對方腿、腹、肋各處，一旦用實，威力無比，彼必難以承受，必傾跌或受傷，在肘、膝之法練習中亦應慎之。

詩云：

膝點之法乃為絕，一旦用實後果怕；

全憑心意發動處，雙腿靈活敵膽嚇。

（13）繃

繃者，彈也。從腿法引申，可至全身，以身形上下左右轉換之勢，突然瞬間彈抖而發，可破對方的各種攻擊之法，如對方小腿掛住我之小腿，我即以快速繃彈之法而結合身形變化，化解對方勾掛之勢。

詩云：

繃彈之法在瞬間，突然抖動敵惶然；

迅即變招反制敵，聽勁之妙靠機先。

（14）趾

趾者，下滑也。在敵我對陣之時，我之腳蹬住對方之小腿，立刻下滑，直踩腳面，對方必負痛而跌倒。

詩云：

趾法實用過狠毒，快速猛滑下行處；
重力踩踏敵腳面，皮裂骨折肉模糊。

（15）滾

滾者，滾動也。在實戰中，腿之滾法一般用於對方腿在上，在對方力量變化中，我之腿法以身形變化從旁側而出，滾壓對方大腿，令彼失勢而栽跌。

詩云：

下盤滾動靠變化，身形變動旁側壓；
立改背式為順勢，奧妙只在時間差。

（16）捲

捲者，盤曲也。此盤曲在下盤腿法用時往往為虛招，為可進可退之勢，在對方惶然變招之時，我隨屈就伸，突然變招，而一招奏效。

詩云：

捲腿虛招為迷惑，誘敵深入變化多；
隨屈就伸跟著走，突然發動敵難過。

第六章

太極拳技擊技術經典文獻

一、張三豐太極拳論

1. 太極拳斂神聚氣論

太極之先，本為無極。鴻蒙一氣，渾然不分，故無極為太極之母，即萬物先天之機也。二氣分，天地判，始成太極。二氣為陰陽，陰靜陽動，陰息陽生。天地分清濁，清浮濁沉，清高濁卑。陰陽相交，清濁相媾，氤氳化生，始育萬物。

人之生世，本有一無極，先天之機是也。迨入後天，即成太極。故萬物莫不有無極，亦莫不有太極也。人之作用，有動必有靜，靜極必動，動靜相因，而陰陽分，渾然一太極也。人之生機，全恃神氣。氣清上浮，無異上天。神凝內斂，無異下地。神氣相交，亦宛然一太極也。故傳吾太極拳法，即須先明太極妙道。若不明此，非吾徒也。

太極拳者，其靜如動，其動如靜。動靜循環，相連不斷，則二氣既交，而太極之象成。內斂其神，外聚其氣。拳未到而意先到，拳不到而意亦到。意者，神之使也。

神氣既媾，而太極之位定。其象既成，其位既定，氤氳化生，而謂為七二之數。

　　太極拳總勢十有三：掤、捋、擠、按、採、挒、肘、靠、進步、退步、右顧、左盼、中定，按八卦、五行之生克也。其虛靈，含拔、鬆腰、定虛實、沉墜、用意不用力、上下相隨，內外相合，相連不斷，動中求靜，此太極拳之十要，學者之不二法門也。

　　學太極拳，為入道之基，入道以養心定性，聚氣斂神為主。故習此拳，亦須如此。若心不能安，性即擾之。氣不外聚，神必亂之。心性不相接，神氣不相交，則全身之四體百脈，莫不盡死。雖依勢作用，法無效也。欲求安心定性，斂神聚氣，則打坐之舉不可缺，而行功之法不可廢矣。學者須於動靜之中尋太極之益，於八卦、五行之中求生剋之理，然後混七二之數，渾然成無極。心性神氣，相隨作用，則心安性定，神斂氣聚，一身中之太極成，陰陽交，動靜合，全身之四體百脈周流通暢，不黏不滯，斯可以傳吾法矣。

2. 太極拳歌訣

歌訣一

　　　　順項貫頂兩膀鬆，束脅下氣把襠撐，
　　　　威音開勁兩捶爭，五指抓地上彎弓。

歌訣二

　　　　舉步輕靈神內斂，莫教斷續一氣延，
　　　　左宜右有虛實處，意上寓下後天還。

歌訣三

　　　　拿住丹田練內功，哼哈二氣妙無窮，
　　　　動分靜合屈伸就，緩應急隨理貫通。

歌訣四

　　　　忽隱忽現進則長，一羽不加至道藏，
　　　　手慢手快皆非是，四兩撥千運化良。

歌訣五

　　　　極柔極剛極虛靈，運若抽絲處處明，
　　　　開展緊湊乃縝密，待機而動如貓行。

歌訣六

　　　　掤捋擠按四方正，採挒肘靠斜角成，
　　　　乾坤震兌乃八卦，進退顧盼定五行。

3. 十三勢歌

　　　　十三總勢莫輕視，命意源頭在腰隙。
　　　　變轉虛實須留意，氣遍身軀不稍滯。
　　　　靜中觸動動猶靜，因敵變化示神奇。
　　　　勢勢揆心須用意，得來不覺費功夫。
　　　　刻刻留心在腰間，腹內鬆淨氣騰然。
　　　　尾閭中正神貫頂，滿身輕利頂頭懸。
　　　　仔細留心向推求，屈伸開合聽自由。
　　　　入門引路須口授，功夫無息法自修。
　　　　若言體用何為準，意氣君來骨肉臣。
　　　　想推用意終何在，益壽延年不老春。
　　　　歌兮歌兮百四十，字字真切義無遺。

若不向此推求去，枉費功夫貽歎息。

4. 打手歌

> 掤捋擠按須認真，上下相隨人難進。
> 任他巨力來打我，牽動四兩撥千斤。
> 引進落空合即出，粘連黏隨不丟頂。

二、王宗岳太極拳論

1. 注解三豐祖師太極拳歌訣

歌訣一

> 順項貫頂兩膀鬆，束脅下氣把襠撐，
> 威音開勁兩捶爭，五指抓地上彎弓。

【注 解】

虛靈頂勁，氣沉丹田。兩背鬆，然後窒；提頂吊襠，心中力量；開合按勢懷中抱，七星勢視如車輪，柔而不剛。彼不動，己不動，彼微動，而己意先動；由腳而腿，由腿而身，如練一氣。如轉鶻之鳥，如貓擒鼠。發勁如弓發矢，正其四體。步捋要輕隨，步步要滑齊。

歌訣二

> 舉步輕靈神內斂，莫教斷續一氣延，
> 左宜右有虛實處，意上寓下後天還。

【注 解】

一舉動，周身俱要輕靈，尤須貫串。氣宜鼓蕩，神宜

內斂；無使有凸凹處，無使有斷續處。其根在腳，發於腿，主宰於腰，形於手指。由腳而腿而腰，總須完整一氣。向前退後，乃得機得勢。有不得機得勢處，身便散亂。其病必於腰腿求之；虛實宜分清楚。一處自有一處虛實，處處總此一虛實。周身節節貫穿，無令絲毫簡短耳；上下前後左右皆然。凡此皆是意，不在外面。由上即有下，有前即有後，有左即有右。如意要向上，即寓下意。譬如將植物揪起而加以挫之之力。斯其根自斷，損壞之速乃無疑。

歌訣三

　　拿住丹田練內功，哼哈二氣妙無窮，
　　動分靜合屈伸就，緩應急隨理貫通。

【注　解】

拿住丹田之氣，練住元形，能打哼哈二氣；氣貼背後，斂入脊骨。靜動全身，意在蓄神，不在聚氣，在氣則滯。內三合，外三合；太極者，無極而生，陰陽之母也。動之則分，靜之則合，無過不及，隨屈就伸；人剛我柔謂之走，我順人背謂之黏。動急則急應，動緩則緩隨。雖變化萬端，而理唯一貫。由著熟而漸悟懂勁，由懂勁而階及神明，然非用力之久，不能豁然貫通焉。

歌訣四

　　忽隱忽現進則長，一羽不加至道藏，
　　手慢手快皆非是，四兩撥千運化良。

【注　解】

不偏不倚，忽隱忽現。左重則左虛，右重則右杳。仰之則彌高，俯之則彌深。進之則愈長，退之則愈促；一羽不能加，蠅蟲不能落。人不知我，我獨知人。英雄所向無敵，蓋由此而及也；斯技旁門甚多，雖勢有區別，概不外壯欺弱，慢讓快耳。有力打無力，手慢讓手快，是皆先天自然之能，非關學力而有為也。察四兩撥千斤之句，顯非力勝。觀耄耋能禦眾之形，快何能為？立如平準，活似車輪。偏沉則隨，雙重則滯，每見數年純功，不能運化者，率自為人制，雙重之病未悟耳。欲避此病，須知陰陽。黏即是走，走即是黏。陰不離陽，陽不離陰，陰陽相濟，方為懂勁。懂勁後，愈練愈精，默識揣摩，漸至從心所欲。本是捨己從人，多誤捨近求遠。斯為差之毫釐，謬以千里，學者不可不詳辨焉。

歌訣五

> 極柔極剛極虛靈，運若抽絲處處明，
>
> 開展緊湊乃縝密，待機而動如貓行。

【注　解】

極柔軟，然後極剛堅。能呼吸，然後能靈活。氣以直養而無害，勁以曲蓄而有餘。全身意在精神，不在氣。有氣者無力，無氣者純剛。氣如車輪，腰似車軸。似鬆非鬆，將展未展。勁斷意不斷，藕斷絲亦連；心為令，氣為旗，腰為纛，先求開展，後求緊湊，乃可臻於縝密矣；牽動往來，氣貼背，斂入脊骨。內固精神，外示安逸。邁步

如貓行，運勁如抽絲。

歌訣六

掤捋擠按四方正，採挒肘靠斜角成，

乾坤震兌乃八卦，進退顧盼定五行。

【注　解】

長拳者，如長江大河，滔滔不絕也。十三勢者，掤捋擠按採挒肘靠，此八卦也；進步退步左顧右盼中定，此五行也。合而言之，曰十三勢。掤捋擠按，即坎離震兌，四方正也；採挒肘靠，即乾坤艮巽，四斜角也。進退顧盼定，即水火金木土也。

以上係三豐祖師所著，欲天下豪傑延年益壽，不徒作技藝之末也。

2. 十三勢行功心解（注解三豐祖師十三勢歌）

十三總勢莫輕視，命意源頭在腰隙。

變轉虛實須留意，氣遍身軀不稍滯。

靜中觸動動猶靜，因敵變化示神奇。

勢勢揆心須用意，得來不覺費功夫。

刻刻留心在腰間，腹內鬆淨氣騰然。

尾閭中正神貫頂，滿身輕利頂頭懸。

仔細留心向推求，屈伸開合聽自由。

入門引路須口授，功夫無息法自修。

若言體用何為準，意氣君來骨肉臣。

想推用意終何在，益壽延年不老春。

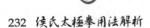

　　歌兮歌兮百四十，字字真切義無遺。

　　若不向此推求去，枉費功夫貽歎息。

【注　解】

　　以心行氣，務令沉著，乃能收斂入骨。以氣運身，務令順遂，乃能便利從心。精神能提得起，則無遲重之虞，所謂頂頭懸也。意氣須換得靈，乃有圓活之趣，所謂變動虛實也。發勁須沉著鬆靜，專主一方。立身須中正安舒，支撐八面。行氣如九曲珠，無往不利。運勁如百煉鋼，何堅不摧？形似搏兔之鶻，神如捕鼠之貓。靜如山岳，動若江河。蓄勁如開弓，發勁如放箭。曲中求直，蓄而後發，力由脊發，步隨身換。收即是放，斷而復連。往復須有折疊，進退須有轉換。先在心，後在身，腹鬆，氣斂入骨，神舒體靜，刻刻在心。切記一動無有不動，一靜無有不靜。

3. 太極拳論（蔣發輯錄）

　　太極者，無極而生，陰陽之母也。動之則分，靜之則合，無過不及，隨屈就伸。人剛我柔謂之走，我順人背謂之黏。動急則急應，動緩則緩隨。雖變化萬端，而理唯一貫。由著熟而漸悟懂勁，由懂勁而階及神明，然非用力之久，不能豁然貫通焉。

　　虛靈頂勁，氣沉丹田，不偏不倚，忽隱忽現，左重則左虛，右重則右杳，仰之則彌高，俯之則彌深，進之則愈長，退之則愈促。一羽不能加，蠅蟲不能落。人不知我，我獨知人。英雄所向無敵，蓋由此而及也。

　　斯技旁門甚多，雖勢有區別，概不外壯欺弱，慢讓快耳。有力打無力，手慢讓手快，是皆先天自然之能，非關學力而有為也。察四兩撥千斤之句，顯非力勝。觀耄耋能禦眾之形，快何能為？立如平準，活似車輪。偏沉則隨，雙重則滯，每見數年純功，不能運化者，率自為人制，雙重之病未悟耳。欲避此病，須知陰陽。黏即是走，走即是黏。陰不離陽，陽不離陰。陰陽相濟，方為懂勁。懂勁後，愈練愈精，默識揣摩，漸至從心所欲。本是捨己從人，多誤捨近求遠。斯為差之毫釐，謬以千里，學者不可不詳辨焉。

　　蔣發注：此論句句切要，並無一字陪襯。非有夙慧之人，未能悟也。先師不肯妄傳，非獨擇人，亦恐枉費工夫耳。

三、歷代相傳文獻

1. 太極拳歌

　　　　太極亦稱心意拳，將計就計妙無邊。
　　　　拳法行圓螺旋勁，陰陽無偏氣貫穿。
　　　　總之要求四明懂，四明不懂藝難成。
　　　　上節不明無依宗，中節不明身自空。
　　　　下節不明易栽跌，採手不明多遭凶。
　　　　精通太極非易事，師傳揣練自修成。
　　　　上節含胸自拔背，垂脊挺胸神內明。
　　　　下節進退顧盼定，隨機應變生剋清。

拳架打手散打用，二氣發梢威無窮。

面前有手不見手，胸前有肘不見肘。

倘若觸手彼難走，這樣方顯是高手。

十三勢法代代傳，三豐拳技內家源。

2. 論　法

占右進左，占左進右。發步時腳根先著地，腳以十趾抓地，步要穩當，身要莊重，捶要沉實而有骨力。去是撒手，著人成拳。用拳，拳要攥提緊，用把，把要把定氣。

上下要均停，出入以心為主宰，眼手足隨之去，不貪不欠，不即不離。肘落肘窩，手落手窩。右足當先，膊尖向前，此是換步。拳從心發，以身力催手，手以心把，進人進步，一步一捶。一肢動則百肢俱隨，發中有絕，一屈渾身皆屈，一伸渾身皆伸，伸要伸得盡，屈要屈得狠，如卷砲卷得緊，則崩得有力。

不拘提打、按打、群打、烘打、旋打、斬打、衝打、錛打、肘打、膊打、胯打、掌打、頭打、進步打、退步打、順步打、橫步打，以及前後、左右、上下百般打法，皆要一氣相隨。

出手先占正門，此謂巧也。骨節要對，不對則無力。手把要靈，不靈則生變。發手要快，不快則遲誤。舉手要火，不火則不快。打手要狠，不狠則不濟。存心要毒，不毒則不準。腳手要活，不活則擔險。存心要精，不精則受愚。發作要鷹揚勇猛，心小膽大，面善心惡，靜似書生，

動似雷發，切勿畏懼遲疑。

人之勢亦當審查，腳踢頭歪，拳打膀乍，窄身進步，伏身起發，斜行換步，攔打側身，展腿發伸，腳指東顧，須防西殺，上虛下必實。詭計指不勝屈，靈機貴自揣摩。手快打手慢，俗言不可輕，先下手為強，其真的確。

起望落，落望起，起落要相隨。身手齊到是為真。剪子股，望眉斬，加上反背，如虎搜山。三尺羅衣掛在無影樹上，起手如閃電，打手如迅雷。雨行風，鷹捉燕，鷂攢林，獅搏兔。起手時三心相對，不動如書生，動之如龍虎。遠不發手打，雙手護心旁。

3. 捷要論

右來右迎，左來左迎，此為捷法。遠了便上手，近了便加肘。遠了使腳踢，近了便加膝，遠近宜知。拳打膀乍，腳踢頭歪，把勢審人。能教一思進，不教一思退。有意莫帶形，帶形必不贏。

捷取人法，審顧地形，拳打上風，手要急，足要輕，把勢走動如貓行。心要整，目聚精，手足齊到定能贏。若是手到步不到，打人不得妙；手到步也到，打人如蒿草。是以善拳者，先看地形後下手，上打咽喉下打陰，左右兩肋中在心。前打一丈不為遠，近者只在一寸間。

4. 天遠機論

身動時如山崩牆倒，腳落時如樹栽根，手起如炮直沖，身動如蛇活行。擊首則尾應，擊尾則首應，擊中則首

尾相應。打前要顧後，知進須知退。心動快似馬，臂動速如風。操演時面前如有人，交手時有人如無人。前手起，後手緊催，起前腳，後腳緊跟。面前有手不見手，胸前有肘不見肘。見空不打，見空不上。拳不望空打，打起不空落。手起足要落，足落手要起。心要佔先，意要勝人。身要攻人，步要過人。前腿似弓，後腿是蹬。頭要仰起，胸要含起，腰要長起，丹田要運氣，自頂至足，要一氣相貫。

膽戰心寒者，必不能取勝。不能察言觀色者，必不能防人。不能先動，先動者為師，後動者為弟。能教一思進，莫讓一思退。三節要停，三心要實，三尖要照，四梢要齊。明瞭三心多一妙，明瞭三節多一方，明瞭四梢多一精，明瞭五行多一氣，明瞭三節不貪不欠。起落進退多變化，三回九轉是一勢，總要以心為主宰。以心統乎五行，運乎二氣，時時操演思悟，勿誤朝夕盤打，時時勉強功用，久而成自然。

5. 九要論

一要論

從來散之必有其統，分之必有其合也。故天壤之間，四面八方，紛紛者各有所屬，千頭萬緒，攘攘者自有其源。蓋一本可散為萬殊，而萬殊咸歸於一本。是非固有必然者哉。且武事之論亦甚繁矣，而要之，千變萬化無往非勢，即無往非氣，勢雖不類，而氣歸於一。

夫所謂一者，上自頭頂，下至足底，內有臟腑筋骨、

而外有肌肉皮膚，五官百骸相聯而為一貫者也。破之而不開，撞之而不散，上欲動而下自隨之，下欲動而上自領之，上下動而中節攻之，中節動而上下和之，內外相乘，前後相須，所謂一以貫之者，其斯之謂歟。而要非勉強以致之，襲焉而為之也。當時而靜，寂然湛然，居其所而穩如山岳。當時而動，如雷如塌，出手而急如閃電。且靜無不靜，表裡上下全無參差牽掛之意。動無不動，左右前後並無抽扯游移之形。洵乎若水之就下，沛然莫之能禦，若火機之內攻，發之而不及掩耳，不暇思索，不煩擬議，誠不期然而然，莫之至而至，其無所至而云然乎。

蓋氣以日積而有益、功以久煉而乃成，觀聖門一貫之傳，必俟多聞強識之後，才能豁然之境，不費格物致知之功，是知事無難易，用功唯自進，不可躐等。不煩急遽，按步就序，循次而進，而後五官百骸肢節，自有通貫，上下表裡，不難聯絡，庶乎散者統之，分者合之，四體百骸，終歸於一氣而已矣。

二要論

天地間未有一往而不返者，亦未有長直而無曲者也，蓋物有對待，勢有回還，今古不易之理也。常有世之論捶者，而兼論氣者矣。夫氣主於一，何分為二，所謂二者，即呼吸也，呼吸即陰陽也。捶不能無動靜、氣不能無呼吸，吸則為陰，呼則為陽。主乎靜者為陰，主乎動者為陽，上升為陽，下降為陰，陽氣上行而為陽，陽氣下行而為陰；陰氣上行即為陽，陰氣下行仍為陰，此陰陽之所以

分也。

何為清濁？升而上者為清，降而下者為濁，清氣上升，濁氣下降，清者為陽，濁者為陰而要之。陽以滋陰，陰以濟陽，渾而言之，為勁、為氣，分而言之，為陰、為陽。

氣不能無陰陽，即所謂人不能無動靜、口不能無出入，鼻不能無呼吸，而所以為對待不易之理也。然則氣分為二，而實在於一，有志於斯途者，慎勿以是為拘拘焉。

三要論

夫氣本諸身，而身分之三節，何分為三？三節云者，上中下者是也。以一身言之，頭為上節，身為中節，腿為下節；以頭面言之，天庭為上節，鼻為中節，海底為下節；以中節言之，胸為梢節，腹為中節，丹田為根節；以下節言之，足為梢節，膝為中節，胯為根節；以肱言之，手為梢節，肘為中節，肩為根節；以手言之，指為梢節，掌為中節，掌根為根節；而足不必論矣。然則自頂至足，莫不各有三節。

要之，既無非三節之所為，既無非著意之處。蓋上節不明，無依無宗；中節不明，渾身自空；下節不明，自家吃跌，豈可忽乎？

至於氣之發動，要之皆由梢節起，中節隨之，根節催之而已，然此尤是節節而分言之也。若合而言之，則上自頭頂，下至足底，四體百骸，總為一節，何夫三節之有哉？又何以三節中之各有三節云乎哉？

四要論

試於論身論氣之外，而進論乎梢者矣。夫梢者，身之餘續也。言身者初不及此，言氣者亦所罕聞。捶以內而發外，氣由身而達梢，故氣之為用，不本諸身，則虛而不實，不行于諸梢則實而仍虛，梢亦可弗講乎？然此特身之梢耳，而尤未及乎氣之梢也。

四梢為何？髮之其一也。夫髮之所繫，不列於五行，無關於四體，似不足論矣，然髮為血之梢，血為氣之海，縱不必本諸髮以論氣，要之，不能離乎血而生氣，不離乎血，即不得不兼及乎髮，髮欲衝冠，血梢足矣。抑舌為肉梢，而肉為氣之囊，氣不能行諸肉之梢，即氣無以衝其氣之量，故必舌欲摧齒，而後肉梢足矣。至於骨梢者齒也，筋梢者指甲也，氣生於骨而聯於筋，不及乎齒，即未及乎骨之梢，而欲血梢足乎爾者，要非齒欲斷筋，甲欲透骨不能也，果能如比，則四梢足矣。四梢足而氣亦自足矣，豈復有虛而不實，實而仍虛者乎。

五要論

今夫拳以言勢，勢以言氣。人得五臟以成形，即由五臟而生氣，五臟實為性命之源，生氣之本，而名心肝脾肺腎也。心為火，而有炎上之象；肝為木，而有曲直之形；脾為土，而有敦厚之勢；肺為金，而有從革之能；腎為水，而有潤下之功。此乃五臟之義，而必準之於氣者，皆各有所配合焉。此所以論武事者，要不外乎斯也。

其在於內，胸膈為肺經之位，而為諸臟之華蓋，故肺

經動而諸臟不能靜。兩乳之中為心，而肺包護之，肺之下，胃之上，心經之位也。心為君也，心火動而相火無不奉命也。兩肋之下，左為肝，右為脾，脊骨十四骨節處為腎，此固五臟之位也。然五臟之位，皆繫於背脊，通於腎髓，固為腎，至於腰，則兩腎之本位，而為先天第一，尤為諸臟之根源。故腎水足，而諸臟莫不各顯生機也。

且夫五臟存乎內者，各有其定位，而具於身者，亦有其專屬。領頂腦骨皆腎是也，兩耳亦為腎。兩唇、兩腮皆脾也。兩鬢則為肺。天庭為六陽之首，而萃五臟之精華，實為頭面之主腦，不啻一身之座督矣。印堂者，陽明胃氣之衝，天庭欲起，機由此達，生發之氣，由腎而達於六陽，實為天庭之樞機也。兩目皆為肝，而究之，上包為脾，下包為胃，大角為心經，小角為小腸，白則為肺，黑則為肝，瞳子為腎，實亦為五臟之精華所聚，而不得專為之肝也。鼻空為肺，兩頤為腎，耳門之前為膽經，耳後之高骨亦為腎也。鼻居中央之地，而為土，萬物資生之源，實乃中氣之主也。人中為血氣之會，上沖印堂，達於天庭，亦至要之所。兩唇之下為承漿，承漿之下為地閣，上與天庭相應，亦腎經位也。頦下為頸項者，五臟之道途，氣之總會，前為食氣出入之道，後為腎氣升降之途，肝氣由之而左旋，脾氣由之而右旋，其繫更重而為周身之要領。兩乳為肝，肩俞為肺，兩肘為腎，四肢屬脾，兩肩背膊皆為脾，而十指則為心肝脾肺腎是也。膝與脛皆為腎也，而腳跟為腎之要，湧泉為腎之穴也。大約身之所繫，凸者為心，窩者為肺，骨之露處皆為腎，筋之聯處皆為

肝，肉之厚處皆為脾。

象其意，心如猛虎肝如箭，脾氣力大甚無窮，肝經之位最靈變，腎氣一動快如風，此其為用也。用其經，舉凡身之所繫屬於某經者，終不不能無意焉。是在當局者自為體驗，而非筆墨之所能罄書者也。

至於生剋制化，雖另有論，而究其要領，自能統會，五行百骸，總為一元，四體之心，合為一氣，奚必昭昭於某一經絡，而支支節節言之哉。

六要論

心與意合，氣與力合，筋與骨合，此內三合也；手與足合，肘與膝合，肩與胯合，此外三合也。此為六合。左手與右足相合、左肘與右膝相合、左肩與右胯相合，右之與左亦然。以及頭與手合，手與身合，身與步合，亦係外合。心與眼合，肝與筋合，脾與肉合，肺與身合，腎與骨合，孰非內合，豈唯六合而已哉，然此特分而言之也。總之一動而無不動，一合而無不合，五行百骸悉在其中矣。

七要論

頭為六陽之首，而為周身之主，五官百骸莫不本此是賴，故頭不可不進也。手為先行，而根基在膊，膊不進則手而腳不可前進矣，此所以膊貴於進也。氣聚諸腕，機關在腰，腰不進而氣則餒而不實矣，此所以腰貴於進也。意貫周身，運動在步，步不進而意則索然不能為也，此所以步必取其進也。以及上右必須進左，上左必須要進右。

周身相隨，不隨無力，故身必取其進也。共為七進，孰非所以著力之地歟，而要之未及其進，合周身而毫無關動之意，一言其進，統全體而具無抽扯游移之形也。

八要論

身法為何？縱、橫、高、低、進、退、返、側而已。縱則放其勢，一往而不返；橫則裹其力，開拓而莫阻；高則揚其身，而身若有增長之勢；低則折其身，而身若有攢提之行。當進則進，彈其力而勇往直衝，當退則退，凌其氣而回轉伏勢；至於返身顧後，後即前也；側顧左右，左右無敢擋我哉。而要非拘拘焉而為之也，必先察乎人之強弱，運乎己之機關。

有忽縱而忽橫，縱橫因勢而變遷，不可一概而推；有忽高而忽低，高低隨時以轉移，不可直格而論；時而宜進，固不可退，以餒其氣；時而宜退，即當以退，而鼓其進。是進固進也，即退而實以助其進。若返身顧後，而後亦不覺其為後也。側顧左右，而左右亦不覺左右矣。總之，機關在眼，變通在心，而握其要者，則本諸身。身而前，則四體不令而行矣，身而卻，則百骸自莫不冥然而處矣。身法豈可置而不論乎？

九要論

今夫五官百骸主於動，而實運於步。步乃一身之根基，運動之樞紐也。以故應戰對敵，皆本諸身，而實所以為身之砥柱者，莫非步。隨機應變在於手，而所以為手之

轉移者，亦在於步。進退返側，非步何以作鼓蕩之機，抑揚伸縮，非步何以示變化之妙。

所謂機關者在眼，變化者在心。而所以轉彎抹角，千變萬化，而不至窘迫者，何莫非步為之司命歟，而要之非勉強以致之也。動作出於無心，鼓舞出於不覺，身欲動而步已為之周旋，手將動而步亦早為之逼催，不期然而已然，莫之驅而若驅，所謂上欲動而下自隨之者，其斯之謂歟。且步分前後，有定位者步也，然而無定位者亦為步也。如前步進之後步隨之，前後自有定位矣，若前步作後步，後步作前步，更以前步作後步之前步，後步作前步之後步，則前後亦無定位矣。

總之拳以論勢，而握其要者在步，活與不活亦在於步，靈與不靈亦在於步，步之為用大矣哉。

6. 八字法訣

三換二捋一擠按，搭手遇掤莫讓先。
柔裡有剛攻不破，剛中無柔不為堅。
避人攻守要採挒，力在驚彈走螺旋。
逞勢進攻貼身肘，肩胯膝打靠為先。

7. 虛實訣

虛虛實實神會中，虛實實虛周身功。
練拳不諳虛實理，枉費功夫終無成。
虛守實發變中竅，中實不發藝難精。
虛實自有虛實在，實實虛虛攻不空。

8. 亂環訣

亂環術法最難通，上下隨合妙無窮。
陷敵落入亂環內，四兩千斤著法成。
手腳齊進橫豎找，掌中亂環落不空。
欲知環中法何在，發落點對即成功。

9. 陰陽訣

太極陰陽少人修，吞吐開合問剛柔。
正隅收放任君走，動靜變化何須愁。
生克二法隨著用，閃進全在動中求。
輕重虛實怎的是，重裡現輕勿稍留。

四、侯春秀論太極拳

1. 武當承架三合一技擊總訣

太極三合一，承架傳授稀。
練架軟如繩，萬手活如龍。
散打出手快，進退活步行。
五行相生剋，動作快如風。
不動如山岳，動比鵝毛輕。
身形微一動，打人不見形。
出手軟如綿，變拳硬如釘。
萬手心要狠，出捶如山崩。
對準發落點，捶捶不落空。

進退還要快，踢踹勾掛蹬。

2. 太極拳心意妙用歌

太極又名心意拳，全憑心意練功夫。
內家之妙全在此，心意為本莫忘記。
以意承先為承架，繼承三豐真諦傳。
掤捋擠按須認真，採挒肘靠緊相連。
起落進退應靈活，騰閃圓轉隨心願。
纏跪挑撩各有招，劈崩掛蹬妙無邊。
三盤功夫全練到，只進不退勇向前。
沾連黏隨要到位，不丟不頂不間斷。
捨己從人跟著走，將計就計無須言。
走架散手心意動，大小動作均為圓。
立體螺旋一啟動，陰陽無偏意貫穿。
命意源頭在腰隙，刻刻留意在腰間。
一動百動全身動，適可而止不妄動。
法無定法心控制，萬法並容意為先。

3. 太極拳打手基礎歌

太極打手須靈活，基礎打法要明確。
拳法行圓螺旋勁，陰陽無偏變化多。
首先要求四明懂，四明不懂藝難成。
上節不明無依宗，中節不明身自空。
下節不明易栽跌，採手不明逢凶多。
上節含胸必拔背，騰脊挺胸神內明。

下節進退顧盼定，上下協調步法清。
拳架打手技擊用，哼哈二氣妙無窮。
面前有手不見手，胸前有肘不見肘。
一手可以管兩手，騰手奧妙隨心用。
太極圓形不可斷，來回折迭妙無邊。
頭直身直小腿直，身手腿腳四順連。
全身無處不相合，心意時時互包裹。
丹田命門總控制，八節順遂整體活。
勢斷意連不流水，不撇不停勁相接。
四梢齊動內力迸，齒舌指髮感應多。
整勁合一捲炮手，丹田命門欲相接。
功夫技巧不可缺，數年運化才明確。
太極功夫靠勤練，終生堅持不稍歇。

4. 太極拳用法精要論

發步時腳跟先著地，腳以十趾抓地方能穩當。用捶要沉實而有骨力。用拳時拳要攥提緊，用把時把要把定氣。上下須均勻而相隨，心為主宰，不含不欠，拳從心發，順其自然。一動百動，並不妄動，一屈皆屈，一伸同伸，捲炮捲得緊，出捶力無窮。一切打法，須一氣相隨，內力發動，須丹田鼓盈。丹田命門相接，通脊通背，內家真力才能臻於上乘。出手占正門，正身正對；骨節須對正，不正則無力；手把要靈，不靈則受阻；發手要快，不快必遲誤；舉手要火，不火則無勢；打手要狠，不狠則退縮；存心要毒，不毒則被乘；腳腿要活，不活則處險；用心要

精，不精必受制；動作要猛，膽氣須正，靜似處女，動若脫兔，電光石火，一舉奏效。

彼我之勢須詳察，彼不動，己不動；彼微動，己先動。遠拳近肘貼身靠，上下相隨步靈活。拳打腳踢，窄身進步，掌擊膀乍，伏身起發，斜行換步，側身攔打，進腿必發，靈機自揣摩，手快打手慢，起手如迅雷，打手如閃電。

左來左可迎，左來右也迎，全看當時形勢，只在意念瞬間。遠者上手，近者用肘，遠者腳踢，近者加膝。寧進不退，只進不退，有意莫帶形，帶形必不贏。手急足輕如貓行，手足齊到方能贏。手到步不到，打人不得竅；手到步也到，打人如割草。上打咽喉下打陰，左右兩肋中在心。前打一丈不為遠，近者只在一寸間。

身動山崩牆倒，腳落如樹栽根，手起如炮直沖，身動似蛇活行。擊首則尾應，擊尾則首應，擊中則首尾相應。打前要顧後，知進必知退。心動快似馬，臂動速如風。走架時無人如有人，交手時有人如無人。前手起，後手緊催；前腳動，後腳緊跟。面前有手不見手，胸前有肘不見肘。見空不打，見空不上。拳不望空打，打起不空落。手起足要落，足落手要起。心要佔先，意要勝人，身要攻人，步要過人。前腿似弓，後腿似蹬。頭仰起，胸含住，腰長起，全身內勁鼓盈，周身一氣貫通。

凡膽戰心寒者不能取勝；若不審時度勢，不能防人。三心實中，三尖照，三節停，四梢齊。不貪不欠，心為主宰，經常思悟，朝夕盤打，拳不離手，曲不離口，滴水穿

石，久而必成。天下無難事，只怕有心人。

5. 太極拳理論綜述

天下事皆為陰陽也，一分陰陽，陰陽合一，故一陰一陽謂之道。陰陽之道，天地人之道也，萬物至理也，人之本也。凡一可散為萬殊，萬殊亦可歸於一也。聖人曰：「得其一，萬事畢。」至理名言也。一者，上自頂，下至足，上下以一而貫之，破之而不開，撞之而不散。上欲動而下隨之，下欲動而上領之，上下動而中節攻之，中節動而上下合之。靜時寂然湛然，穩如山岳。動時如雷如電，電光石火。動中有靜，靜中有動。靜若處女，動如脫兔。發之而不及掩耳，不假思索，誠不期然而然，莫之至而至，其無所至而然也。

氣以日積而有益，功以久練而乃成。多聞強識，日夕揣摩，才能達豁然貫通之境。用功者持之以恆，必可進步，不可跳過，按部就班，循序漸進，方可逐步臻於成功。

三節者，上中下是也。頭為上節，身為中節，腿為下節；天庭為上節，鼻為中節，海底為下節；胸為梢節，腹為中節，胯為根節；手為梢節，肘為中節，肩為根節；指為梢節，掌為中節，掌根為根節；上節不明，無依無宗；中節不明，渾身自空；下節不明，自己傾跌。氣之發動，宜由梢節而起，中節隨之，根節催之。

四梢者，髮為血之梢，血為氣之海，髮欲衝冠，血梢足矣。舌為肉梢，肉為氣之囊，舌欲催齒，肉梢足矣。骨

梢者齒也，筋梢者指甲也，氣生於骨而聯於筋。四梢齊，內力足。

五臟者，乃性命之源，生氣之本，五臟強而平衡，身體健康。心與意合，氣與力合，筋與骨合，手與足合，肘與膝合，肩與胯合，六合者，一動而無有不動，一合而無有不合。

太極陰陽表現為鬆緊剛柔之變化，柔中寓剛，剛隱於內而柔顯於外，極柔軟而生剛勁，極緩慢而能極速。用時石破天驚，勁走螺旋，手足肩胯肘膝身靠隨心所欲，打化一體為所欲為。虛實轉換引進落空，四兩撥千斤聽力奧妙。吞吐開合靠輕重變化，太極陰陽功夫臻至高境界。

夫太極拳，合於天地之道，柔中寓剛，外圓內方，綿裡藏針，綿裡裹鐵，動之致微，引之至長，發之至驟。以靜制動，以柔克剛，以順避害，後發制人。沾連黏隨，不丟不頂；引進落空，四兩撥千斤，緩慢柔和，用意不用力。虛靈，含拔，沉墜，心身放鬆，形鬆意緊，高度控制，和合凝聚，一氣貫通，上下相隨，行雲流水，聚精會神，全神貫注，專心致志，心不外馳，以意承先，整勁合一，剛柔相濟，鬆緊得宜，虛實分明，一動百動。動必進步，進必套插。守中用中，逢中必定。定在有隙，中在得橫。實在必衝，斜行側方。閃進全在動中求，重裡現輕不停留；手腳齊進橫豎找，避人攻守要採挒。力在驚彈走螺旋。打重不如打輕，打輕不如打空。重比輕來輕比重，化空打空妙無窮。走架即是打手，打手即是走架。人不知我，我獨知人。行家一伸手，便知有沒有。摧僵化柔，積

柔成剛，剛柔轉換，剛柔相濟。拳本無法，有法亦空，一法不立，萬法並容。動即為法，動中見法。

6. 上中下三盤秘法

上盤秘法為掤、捋、擠、按、採、挒、肘、靠、攬、扣、鎖、撅、疊、挫、扯、擲。

掤在身臂，捋在手，掤要撐，掤勁向外，於鬆沉中求。掤勁所向，使對方被我控制，一切由我，不得不從。與人交手掤為先，掤勁到妙處，對方隨處跌。

捋在掌中，捋要輕，引進落空，化解一切力，四兩撥千斤，捋向側向內，隨時可用，亦在化中拿人發人，借力使力，盡顯太極之妙。

擠在手背，擠在身臂，擠要橫，兩手合力，對方立撲倒。擠中帶圓，擠中帶轉，轉動對方身不由己，由我掌控。

按在中攻，按在腰攻，打人如親嘴，手到身要擁，雙掌齊推，腳絆掛勾，上下發力，按手用著似傾倒，上推下絆剎那空。手按時須有整勁之力，根節動，梢節發，中節齊到生妙法。

採有十指，採要實，採要靈活，變化多端。採在十指要抓牢，其妙就在把擰中。分筋錯骨，扯撕斷裂，直中求曲採法精，兩手配合妙無窮。

挒在兩肱，挒要驚，來勢兇猛挒手破，橫掃千家氣勢虹。挒要驚彈，乾脆俐落。

肘在屈使，肘要衝，肘要橫；肘打隨時任意行，連環

盤肘威力猛。遠手近肘貼身靠，遠腳近腿貼身膝。寧挨一拳，不挨一肘。

靠肩靠胸，靠在肩胸，順勢而用，連環不斷，短促有力，整勁爆發，撞靠砸壓，力大兇猛，推山入海，所向無敵。全身配合，上下相隨，身形中正，順步插封，身形晃處，敵已飛出。

攥扣手指，全手緊力，遇採握拳，內勁透達，捲炮功夫，威力無窮。扣封套攏。

鎖扣十指，巧用槓桿，一扣即跌。鎖管關節，鉗制要害，一經鎖拿，無法擺脫。

撅抖關節，瞬間發力，出其不意，攻其無備，毫無知覺，知時已晚。

折迭擒拿，來回反覆，一往一返，無法阻擋。

挫折關節，擰撕拉扯，熟能生巧，一招奏效。

扯法過狠，心驚膽戰，一旦用實，無法回返。

擲勁暗用，無聲無息，重心拔高，凌空砸下，令彼膽寒。

中盤秘法為起、落、進、退、騰、內、圓、轉、含、拔、通、挺、環、管、吞、吐。

起在足心，提起精神，五趾抓地，百會領起。擎起彼身借彼力，引到身前勁始蓄，鬆開我勁勿使屈，放時腰腳認端的。隨屈就伸，不丟不頂，捨己從人，以意承先。

落在窩中，蓄入丹田。太極勁法妙無窮，其妙都在窩中存。

進在分鬃，進在雲手，進人進身，意從心起，手落鼻

尖，發人彈丸。

含為內含，含胸化解。拔為引拔，背脊彈發。通達內暢，全身協調。挺落對立，統一全身。含胸拔背，通脊挺胸。圓環四轉，上下左右，立體太極，隨心所欲。管束控制，節省兩手，騰手妙用，出彼意料。吞沒於身，側含而化，引進落空，萬力無影。吐氣為聲，哼哈妙用，或明或暗，真力迸發。

下盤秘法為纏、跪、挑、撩、劈、崩、掛、蹬、勾、掰、截、點、繃、趾、滾、捲。

纏在鬆盤，如藤纏樹，沾連黏隨，腿法之妙。

跪在膝中，貴在用意，曲中求直，蓄勢後發。

挑在梢尖，猶似翹板，根節鬆沉，梢節彈升。

撩在順填，旋轉行空，上手迷惑，下撩要害。

劈在立根，破壞重心，主在制根，貼身寸進，配合上手，無堅不摧。

崩在腰胯，腿須跟進，一鼓作氣，瞬間斷根。

掛在勾環，黏貼帶回，剛落即用，腳到成功。

蹬在展跟，妙在胯根，蹬踏結合，其見彈功。

勾為牽引，透步掏腿，鉤盤剪挫何人曉，滾套襯截識者稀。

掰折膝拔，中門進襠，管住敵步，引化擲發。

截斷彼意，阻攔勁路，得機得勢，引跌對方。

點為快打，膝蓋突襲，突如其來，直點要害。

繃為突發，突然繃直，破壞重心，一舉奏效。

趾骨下滑，跺其腳面。

滾腿向上，挑撩拋敵。

捲腿盤曲，枷鎖對方。捲腿寓有纏掛踏，捆住敵腳膝跪壓。

太極拳法真奧妙，上中下盤皆高招。對敵應用須靈活，內勁功夫見奇效。

五、侯轉運論太極拳

1. 論圓形之動

太極拳是按照陰陽太極圖原理而創編的內家拳術，因而處處體現出太極圖的圓形運動，而且這種圓形運動又要體現出陰陽轉化之理。所以，太極拳是合乎太極圖原理的拳術，也就符合了周易文化的大道理，也就符合了世界的根本規律。太極拳的鍛鍊處處體現圓形，最根本的圓有兩個，一個是由內向外的圓，如雲手；另一個是倒捲肱，是由外向內的圓。兩個圓的無限組合方式構築了太極拳的所有動作。如攬紮衣、白鶴亮翅等都體現了兩個圓的共同運動。這種放鬆緩慢的圓形運動是健身、袪病、益壽延年的最好鍛鍊方法。

在格鬥搏擊中，以圓形來化解直線之力，可達引進落空，四兩撥千斤之妙。在打法中，我的一切打法都是圓形打法，而在擒拿與反擒拿中，都體現出太極拳的圓形之妙。練拳架時，練的是大圓，實戰中可能只是一個小圓，特別在擒拿中，一個很小的小圓旋轉就足以拿住對方，不顯山不露水，手形一晃，已將對方拿死，動彈不得。

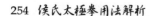

　　總之，太極拳處處體現圓形之動，古人云：「全身無處不太極」即為此意。

2. 論陰平陽秘

　　太極拳的剛勁是潛藏的，明著看不出來，是一種潛在之內力。整個拳架看起來很平和，很安寧，很普通，但訓練中潛藏著太極內力，所謂，「極柔軟然後極堅剛，極放鬆而後能凝聚，極緩慢然後能神速，極平和而能有威力」。在打手對抗中，平和放鬆，但在360度圓圈中任何一個點，都能隨時爆發，突發而至，只在瞬間。

　　太極拳道法自然，上善若水，靜如處女，動如脫兔。不用時樸實無華，絕不鋒芒畢露，和光同塵，韜光養晦，一旦驚乍，突然爆發則威力無比，陽剛的潛藏最終化為綿中藏針、綿裡裹鐵的獨特功夫。而且把周天內功與脈衝內功相結合，說有就有，瞬間即到，說無就無，杳無蹤影。做人與練拳都應該具備陰平陽秘，以柔克剛的風度。而在中醫的理論中，陰平陽秘則成為其最高的理論表達。

3. 論剛柔相濟

　　太極拳表面看起來是柔軟的、緩慢的，但其實在柔和的外表下潛藏著剛勁。特別在打手與實戰中，剛柔、鬆緊處於隨時隨地的轉換中，說剛則剛即來，說柔則立變柔，轉換之快，只在瞬間，且不顯山不露水，一片神行，隨心所欲。而且練久之後，身體內不自覺產生一種被稱為「內家真力」的勁力，此力一旦在實戰中應用，與後天拙力

判若天地，非經多年朝夕盤打，反覆揣摩而不能練成。此「內家真力」從太極拳的角度被稱為「太極內力」，必為剛柔並存，相輔相成之力。一旦發功，則內勁透達，內力鼓盈，感受真切，妙不可言。

此內家真力與太極上中下三盤秘法相結合，則成為上乘的太極功夫，所向披靡，令犯者應手即仆。

4. 論以意承先

太極之意，內涵十分豐富，包括多年練拳的各種綜合感受之意，太極內力之意，太極拳法應用之意，剛柔鬆緊之意，協調凝聚之意，聽勁感受之意，鬆沉中正之意，放長擊遠之意等等。

所謂「人不知我，我獨知人」。對方一動手一抬腳我即產生感覺，視而不見，聽而不聞，但心中一片光明，洞若觀火，已在無形之中在意念中將對方控制。「彼不動，己不動；彼微動，己先動」。我之意已將對方籠罩。意是一種感覺，一種深層次的感覺，一種久經訓練的潛意識感覺，道家稱之為「元神」，或如佛家之「阿賴耶識」，或如佛洛伊德之「本我」，深層潛意識。這種意識只有在放鬆、安靜的狀態下，全神貫注，聚精會神地朝夕打拳跳架，非數十年功夫積累而不可成。故曰「梅花香自苦寒來，悟性妙從心意來」。

清朝人說：「拳無拳，意無意，無意之中見真意」。「達摩西來一字無，全憑心意練功夫」。即此意也，學者不可不詳審之也。

5. 論捨己從人

太極拳在打手與實戰中強調捨己從人，俗話說「跟著走」，順其自然，順其勢而行之。彼左我左，彼右我右，彼上我上，彼下我下。所謂「聽勁」，就是全身心去感受對方的變化，在搏擊中讓彼先動，我則隨其而動，最後後發制人，在「跟著走」中制住對方。

與敵對陣，我無形無象，沒有任何先驗架勢，全憑對方發動，對方要啥給啥，對方要手給手，要臂給臂，要胸給胸，要腹給腹，要腿給腿，可以捨棄自己的任何部位，但當對方自以為得計，感覺彼之目的達到，意圖實現時，我突然一招擒拿，將彼拿住，令其栽跌。對方控制我時，恰好是對方的弱點暴露之時，也正是對方入我陷阱之時。故而，「無為方能無不為」，以柔克剛，上善若水，令對方防不勝防，捨己從人雖然沒有先驗模式，但因長期進行圓形太極拳訓練，聽勁的靈敏性，在「跟著走」中很自然地就能將對方拿死，一招制敵，瞬間發動，對方往往猝不及防，這也符合「積極防禦」的軍事之法。因為打仗與搏擊都是一個道理，都符合周易太極之道。

6. 論急毒不覺

急為快，快速反應，聽勁要靈敏，太極拳手可以練成「閃電手」，但在若干年的太極拳訓練中，卻是緩慢而柔和的圓形訓練。一旦運用，速度極快，符合相反相成之理。毒為意念與招數、技巧要到位，要敢用會用，特別是

意念為根本，放人就要放於丈外，拿手就要別死，發力就要透達，如白鶴亮翅、高探馬的招術在應用中，就要有一種將對方凌空拋出丈外的意念感覺。

不覺即不能被對方察覺，無聲無息，突然發動，對方毫無感覺，足見「人不知我，我獨知人」，意念與動作中將對方完全籠罩，徹底控制。

7. 論整勁合一

太極拳應用中的任何一個動作，都不是純手臂的動作，而是全身整體動作。不論是化解還是擒拿對方，一動百動，上下相隨，整體發動，整勁合一，高度控制，凝聚全身，渾然一體。這需要平時在練拳架時處處留心，所有的動作為整體動作，以腰為軸，帶動手臂與腿腳。

但這種整體動作不宜過分，不能誇張，包括腰部在內的整體動作儘量小，所謂「不要妄動」即為此意，動作恰到好處，不要有多餘的動作；否則，不僅不能凝聚，反而破壞平衡，易為對方所乘。

整勁合一完全符合系統論中「有機整體的力量大於各部分力量的簡單相加」、「協作可以產生新的力量」的原理，也符合「集中優勢兵力，各個殲滅敵人」的戰略戰術。

8. 論上下相隨

太極拳沒有所謂純粹的「上肢動作」或「下肢動作」。上動則下必動，下動則上必動。上下相隨是太極拳

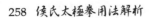

練拳的突出特點，也是太極技擊中的關鍵要求。例如，在各種擒拿術中，步法不到位，手中力量就使不出來；如運用斜行步上步時，掌、指、拳、肘自然而然同時到位。

9. 論鬆沉為本

世人皆知練太極拳需要放鬆，但怎樣理解一個「鬆」字，卻是一個難以解決的問題。每見打手雙方對抗，多數為蠻力頂牛，一出手，全身肌肉緊張，使盡全身力氣，氣喘吁吁，大汗淋漓，練完面紅耳赤，疲勞不堪，乃至腰疼腿疼，此種練法遠離太極大道耳。殊不知如此頂牛與太極遠離十萬八千里也。

太極拳作為高端內家功夫，其本質要領就在於身心放鬆，心平氣和，柔和緩慢，用意不用力，而逐漸易筋易骨，易血易肉，最終改造骨髓，達洗髓之上乘之境界。所以，鬆為太極之本，一旦鬆下來，而且徹底放鬆，則直達太極之道。這種「鬆」透過意念誘導，調心調息調整姿勢，沉墜，含拔而達目的。

但應切記，「鬆者」，絕不能「懈」、「散」、「亂」、「癱」，更不能「緊」、「僵」、「硬」、「猛」，所謂「鬆而不懈，緊而不僵」。「鬆」為第一步，緊接著要揣摩體會「鬆」狀態下的「沉」的感受，因「鬆」而「沉」。手臂、身形一旦鬆而沉，則猶如一根鐵棒依其自然之力而下墜。故而反覆體會，數年運化，一旦鬆沉到位，則胳膊一伸，不用任何力，其自然下墜之力，猶如綿裡裹鐵，一種沉甸甸的感覺，最高的境界則是「太極千斤

墜功」，全身協調鬆沉下墜，再加靈敏聽勁之功，可令對方無法動彈，達到不費吹灰之力而控制對方之境。

10. 論和合凝聚

要在協調放鬆狀態下去體會全身凝聚的感覺。太極功夫就是凝聚的感覺。雖然鬆沉，雖然柔和，但能產生一種內在的凝聚感覺，而且練拳時間越長，凝聚感越強，越明朗。練功夫就是練凝聚的感覺，古人說：「行住坐臥，不離這個。」就是人不管怎麼練，甚至包括日常生活，都應該去不斷地體會一種身心凝聚的感覺，從朦朧到明朗，從模糊到清晰，由小到大，由弱到強，最後不斷昇華，最終身心打成一片，太極內家真力的本質就在於此。

所以，太極拳的修煉過程，從功夫層面講，應依次經歷「協調」—「凝聚」—「神行」的三個階段。否則，不知此理者，數十年堅持鍛鍊，可能會一切空，無功而終，難成正果。

11. 論放長擊遠

「放長擊遠」首先在於意念必須是放長的、擊遠的，其次在實際操作中，所有的動作都是放長而擊遠的，這體現了太極圖的「圓環無端，無限循環」的思想。

太極拳的打法一施展開，便沒有停止的終點，而是圓形旋轉，無休無止，不僅招招連環，而且每招都是無終點的持續運動，沒有間隙，沒有空檔，不要停，一直到對方倒地為止。而且出掌出手出肘出腿的感覺一定要把對方凌

空拋出在十幾米，乃至數十米之外。

太極拳沒有一般武術中的所謂「短打」、「短線」、「寸勁」之打，全是長勁、遠勁、持續勁、連環勁，所以，練太極拳者應擯棄「短線」的觀點，更新觀念，從根本上、從戰略上重新審視武術搏擊的指導思想。

12. 論中正制勝

太極拳無論練法還是搏擊，均為正面之法，而不採用散打格鬥中的側身法，此為中正之一。中正之二為手、胸之間的關係永遠中正關係，手到身到，身到手到，身手合一，永遠中正。

一旦明白了這一點，便可以在任何情況處於順勢而避免背勢，即使有背勢，以中正之法，立刻可以扭轉過來，變背勢為順勢，故中正之道乃太極根本之道，是太極拳訓練的關鍵要求，是立於不敗之地的根本指導思想。

六、侯轉運老師太極講談錄

1. 剛柔相濟

以往一些人喜歡講太極拳是柔拳，認為軟綿綿的最好，實際上這種認識是片面的。

世界上的事情，陰陽、剛柔是相輔相成的，偏柔、偏軟都不是太極拳，只有剛柔相濟，才能完成太極分陰陽和陰陽合太極的運動過程，練太極拳要練到剛柔相濟，才算是達到太極拳的基本要求。

2. 剛勁即是骨力

剛勁的來源是什麼，實際上就是骨力。練太極拳使骨骼變得既有堅剛之性又有韌性和彈性，各個骨關節具有良好的潤滑性和靈活性，使骨骼系統具有健康的生命活力，逐漸練成如合金鋼一樣的特性，在陽氣外發時，骨力就構成了剛勁的基礎。

3. 柔勁要練筋膜

柔勁正確的意思應該是順隨而不僵硬的控制勁力，它來自我們的筋膜，筋膜柔韌，變化靈活，為骨力之輔佐。練拳可使筋膜張弛有度，是變化、轉換、速度的關鍵。剛柔相濟則是骨力和筋勁相輔相成的統一和協調。

4. 意念和洗髓

太極拳也叫心意拳，意念帶動行氣，氣使全身各部協調剛柔、速度和力量，所以心意和身體的協調統一就是我們練拳的目的。鍛鍊的關鍵是洗髓之法，意念要時刻貫注在全身上下，不能有一絲一毫的分離，這就叫全神貫注，三豐祖師說：「勢勢揆心須用意」，就是這個意思。久而久之，洗髓功成，心意和身體完成統一，太極拳的鍛鍊就達到了目的。

5. 氣貫兩腿而非氣沉丹田

有些人練拳經常說要氣沉丹田，這是不夠的，因為這

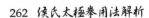

樣並沒有完成氣的完整循環,在練拳中應做到氣至兩腿,從而既能補腎健骨,又能使腿部氣血流通,避免人老先老腿的結果。莊子說:「真人之息以踵」,就是要使氣從上到下完全貫通,達到徹底的身心鍛鍊。

6. 打手法調動潛能

打手法是太極拳修煉最重要的方法,以此來磨鍊身心,調動我們的身心潛能,把我們平常所碰不到一些應急情況和勁力的發揮在這裡得到反應,使我們得到鍛鍊。

不用打手法而使太極拳修煉成功的恐怕沒有,三豐祖師為什麼要發明和使用打手法,就是因為這是太極拳修煉的入門之路。

7. 往返折疊

太極拳的勁路是螺旋勁和圓圈運動及往返折疊。在遇敵攻擊我時,我以圓圈螺旋運動順其攻勢而走,稱為「往」;引敵攻勢落空後,我則合勁返回,將敵發放,此為「返」。因「往返」而構成勁路的折疊,形成「折疊」勁,使敵摸不清我的路數,而瞬間被打出。

8. 生根和平衡

平衡有靜態和動態兩種,在不施以外力的情況下,是靜態平衡,這種平衡在外力的作用下就會被打破而傾倒。在承受不斷變化的外力情況下,而能保持平衡,是為動態平衡。動態平衡需要有根,我們的根就是兩腿,受力與發

勁時兩腿隨勢分別成為重心，而不被外力拔起，這就是根，就是中定。

9. 放　鬆

放鬆包括肌肉放鬆、骨節放鬆以及筋膜有度的張弛，內氣始終流轉全身上下而不散，若沒有氣的統帥，身勢就成了散漫，而不是放鬆了。

放鬆可使意念集中、氣血通暢，在行拳時，氣如九曲珠，無微不至，則使百脈通行，滋潤全身，久而久之，身心健康，腿也能踢起來了，下勢也能蹲下去了，身體各部生機都活躍了起來，這就是行拳時放鬆的結果。若沒有真正的放鬆，就可能損害關節，或者造成氣滯血淤，甚至對臟腑不利。有了放鬆，身體才能聽心意的指揮和調動，才能達到練拳的目的，達到身心的健康。

10. 因人而異

練拳是因人而異的，是根據每個人的具體情況而確定的。比如說拳架的動作不能強求一致，不能說一定要把某個姿勢或動作做到哪個標準位置，要根據每個人具體的身體情況和對練拳的感受而定。

每個人在練拳的過程中，也是不斷在改變，比如說今天他蹲不下去，可能他明天就蹲下去了。只要他堅持，向練拳的基本要求上不斷靠攏，他就能夠不斷取得好的回報，最終達到較好的水準。

11. 順　隨

順隨就是自己感覺不彆扭。動作能順隨，關節就不會損傷；身體能順隨，僵力就能夠去除；氣能順隨，血脈就能通暢；心能順隨，就能把握萬物之根。

12. 呼吸自然，氣要通順

行拳時，不要著意呼吸，應採用自然呼吸法。要達到順隨，呼吸也要保持自然，用意控制往往適得其反。

以自然呼吸，帶動全身的氣通順運行，這樣才能使氣血正常流通，滋潤各處。著意不對，應在有意無意之間，以順隨自然為好。

13. 提氣補肝，沉氣補腎

肝的功能是氣血的生發，以拳勢動作引導氣向上升動，符合了肝的生發之性，所以補肝。

腎的功能是氣血的收斂，以拳勢動作引導氣向下降收，符合了腎的收斂之性，所以補腎。

肝腎強健了，身體的基礎就打牢了，生活、練拳、行功則都是同一件事，修養還可以進一步得到提高。

第七章

侯氏太極拳的歷史傳承

一、武當傳統三合一太極拳歷代傳承關係

祖　師：張三豐（元貴由二年1247—？）
↓
第二代：王宗岳（明嘉靖十年1531—？）
↓
第三代：蔣　發（明萬曆二年1574—1654）
↓
第四代：邢喜懷（明萬曆二十四年1596—1673）
↓
第五代：張初臣（明萬曆三十三年1611—1693）
↓
第六代：陳敬伯（清康熙二年1663—1745）
↓
第七代：張宗禹（清康熙三十七年1698—1779）
↓
第八代：張　彥（清乾隆十七年1752—1836）
↓

第九代：張應昌（清乾隆四十二年1777—1858）

↓

第十代：張金梅（清道光二年1822—1904）

↓

十一代：張敬芝（清道光二十五年1845—1925）

↓

十二代：侯春秀（清光緒三十年1904—1985）

二、侯氏承架太極拳傳人表

第一代：

侯春秀

第二代：

侯戰國　侯轉運　侯玉娥　王喜元　黃江天　張玉亮
劉會峙　徐效昌　岳劍峰　李宗有　趙　策　劉曉凱
王德信　羅及午　邱保平　林泉寶　張長林　張順林　裴
國強　袁加彬　張西安　李勇聚

第三代：

（侯戰國弟子）侯亞東　侯鑫　李春茂　李　宏
楊道紅　吳景文　穆　偉　張和耀　李　峰

（侯轉運弟子）艾光明　吳　江　張昱東　侯憲君
付　賓　張占永　吳　星　嚴秋林　胡樹功　穆明建
高鎖勤　曾曉蘭　朱小利　馬朝中　陳慶悅　薛益民
李　剛　黃清峰　張金國　王敬愛　王京海　柴海生
劉松普　張伯友　陳小悟　張豐光　郭東升　紀　凡
劉　靈　崔守峰　劉　駑　楊　剛　董軍衛　曹　彬

楊　銳　頓連彪　林圓龍　左小峰

（黃江天弟子）黃國兢　黃國渡　劉鴻義　趙水平
雷濟民　李　巍　史昆靈　高國洲　袁軍建　負鳳娥
楊玉琦

（劉會峙弟子）李萬斌　趙劍英　房英武　龐　泳
胡元奎　楊智春　田志春　蔣衛東

（張長林、張順林弟子）來小平　潘金龍　鄒選鋒
王　斐　程惠安　宋小建　邱　健　董紹宗　陳　立
燕新旗　奧偉平

（岳劍峰弟子）孟文虎　趙千民　謝繼耀　柴東生
柴海生　李耀武　宋衛國　朱　宏　劉發紅　常智英
張高峰　王　波　員澤亮　周建斌　范民慶

（林泉寶弟子）孫芳青　舒興勇　胡升芳　靳　淼
王　莉　陸　晏　沈立群　沈曉東　劉德軍　徐燎宇
袁維暉　郎慶波　陳昌樂　賀曙光　陳　波　李福興
林　喆　潘曉群　駱　華　丁國華　秦　寵　鄒錦熠
黃胱亮　傅　華

（袁加彬弟子）羅品文　馮伯奎　張　洪　王道剛
鄭學高　馬棟軍　賈玉英　曹曉平　程建平　李天雲
何　勇　陳　茂　林培峰　梁俊德　古海嘯　黃文彬
趙品源　胡江華　彭　紅　袁秋蓉　餘家蓉　葉通才
陳士傑

三、當代太極拳大師侯轉運

太極拳自六百年前由武當派張三豐祖師集中國功夫之

大成而完善並流傳之後，代代傳人，連綿不絕。

　　侯轉運先生祖籍河南省溫縣趙堡鎮，是武當傳統三合一太極拳一代宗師侯春秀的三兒子。侯春秀作為一代太極拳宗師，身懷絕技，是張三豐武當傳統太極拳繼承架的正宗嫡傳傳人。抗日戰爭時期，侯春秀攜家人輾轉來到西安。侯春秀先師的功績是把在民間秘密隱藏六百年的武當傳統三合一太極拳第一次公之於世，使世人得以窺見張三豐太極拳的原本風貌，同時也使得武當傳統三合一太極拳的大本營由河南溫縣趙堡鎮轉移到了西安市。

1. 侯轉運的成長經歷

　　1957年8月，侯轉運出生於西安，並成長於這個太極拳興旺發達的時代，他目睹父親驚世駭俗的太極功夫，決心繼承父業，學到真本事，把太極拳事業發揚光大，為民造福。在其父親手把手的嚴格教授下，侯轉運從小就全面學習武當傳統三合一太極拳，每日堅持習練，40年來不分寒暑，未敢懈怠。

　　由於他勤學苦練，再加上得天獨厚的嚴傳家教，因而盡得其父真傳，從拳架、內功、打手、技擊實戰諸方面全面繼承了武當傳統三合一太極拳功法的真諦。

　　侯先生從小就隨其父親侯春秀習練太極拳，那時他上小學一二年級，練拳的地方在西安革命公園。在侯先生的記憶中，當時跟其父親學拳的有劉玉英、張玉亮、黃江天、侯建國、王喜元、史振義等十幾個人。20世紀70年代後，跟其父親學拳的有權惠敬、徐孝昌、岳劍峰、郭宗

發、王建、黨建民、劉瑞、李隨成、李雙印、魏富金、廖振翔、劉會峙、李宗有、張順林、張長林、林泉寶、裴國強、秋保平、羅及午、王德信、趙策、劉曉凱等人。

到13歲時，也就是20世紀70年代初，他經常跟隨其父親的學生一起去大雁塔看擺場子。所謂擺場子就是當時西安所有練拳的老師、學生每逢星期天上午8點去大雁塔進行大比武，各門派的各拳種都在這裡展示表演。當時經常帶侯先生去大雁塔看擺場子的有：陳志生、郭宗發、王建、黨建民、郭虎、孫子生等。他們經常讓侯先生在場子裡表演太極拳，並與其他門派交流技擊、打手技術等。

此外侯先生還經常和他們去南門、新城廣場、興慶公園、北門等練拳人多的地方去看練拳，拜訪武林前輩，結識武林名流人士，並與各門派交流技擊、打手技術，還一起練拳架、談拳。

同時，侯先生還向他父親的學生們學習其他拳術。陳志生、郭宗發、王建他們原來是練陝西紅拳的，郭虎、孫子生原來是練梅花拳的，由於他們又跟侯先生的父親侯春秀先師學練太極拳，所以侯先生就有了學習其他拳術的良好條件，他向師兄們學了陝西的炮捶、翻子，還有棍術對練、雙人對打等，同時他還和他的師兄們在一起打手，磨鍊實戰技術，他15歲時就已能熟練地與成人進行打手對抗。

其父侯春秀先師在70年代去咸陽傳授太極拳時，經常帶他同去。當時他和父親就住在張長林、朱君堂家裡，後來住在裴國強家。這段時間的教拳實踐為他後來的太極

拳教學活動打下了基礎。

20世紀80年代初，侯轉運即在西安東門外，開始授徒教學，同時與武林各門派人士進行實戰搏擊切磋，取長補短，提高自己。由於注重實戰，侯轉運先生的太極功夫日漸提高，終於達到了爐火純青的上乘境界。

1980年，侯先生家從東六路搬至東一路75號，因距東門很近，侯春秀先師的授拳地點也就從革命公園換到了東門外的環城公園。每天晚上侯先生隨其父一起教拳，在協助父親教拳的同時，他自己也開始招收弟子和學生，這一時期的學生有：趙洪賓、付賓、張銀生、張伯友、王洪恩、李剛、劉松普、陳根生等。侯先生每晚帶他們在環城公園練拳，教授他們拳架和打手。

這一時期經常有人來切磋拳技，如在1984年9月一天晚上，侯轉運和弟子、學生正在練打手，西安看守所武警林子英來到這裡，他提出要與侯先生切磋一下。當他與侯先生搭手之後，侯先生用太極擒拿和摔法將他摔了幾個跟斗，然後，他又與侯先生的幾個學生切磋，也沒有勝過他們，最後他說：「這種太極拳，我沒有見過。」從那以後，他在每個週末的晚上都來找侯先生談拳、請教，後來，他們就成了朋友。

侯轉運十分關心社會、關心民間、關心中國文化遺產的保護，他跟隨父親侯春秀先師多次參加各種社會公益活動。

1976年，唐山地震，侯先生隨其父參加了當時的西安市政府舉辦的賑災義演活動。義演活動在西安市體育場舉

行，侯春秀先師表演武當太極拳架，侯先生和王喜元一起表演太極打手。1980年6月，侯先生隨其父又參加了陝西省武術協會舉辦的民間武術家義演活動，支援災區建設，體現了侯春秀先師和侯先生對災區人民的拳拳仁愛之心。

1983年5月，武當趙堡太極拳研究會成立，在成立大會上，侯先生和裴國強一起進行了打手表演，為武當趙堡太極拳研究會的成立增輝添色。

1984年10月，為了深入挖掘和保留民間傳統武術，中華武術總會民間武術挖掘整理小組由耿宏鵬任組長，對武當傳統三合一太極拳進行保護、挖掘和整理，對拳架、打手等內容進行影像拍攝。侯春秀先師帶領侯轉運、王喜元、侯玉娥和劉曉凱進行了拳架和打手演練，使武當傳統三合一太極拳第一次有了影像資料的保存，為中華優秀文化傳統的繼承和發揚作出了重大貢獻。

黃江天、劉會峙、趙策、劉曉凱、王德信、魏富金、羅及午、裴國強等，他們對侯春秀先師特別孝道，在侯春秀先師有病時，他們輪流守夜伺候。1985年3月8日，侯先生的父親，一代太極拳宗師侯春秀去世。當時侯春秀先師的入室弟子、再傳弟子、學生、拳界好友都來參加了追悼會。

2. 開始肩負傳播太極拳的重任

自侯春秀先師去世後，侯轉運就擔任起傳播武當傳統三合一太極拳的重任，這時他經常在東門外環城公園和市第三中學操場教授弟子及學生。20世紀80年代末到90年

代初，有兩位知識人士成為了侯轉運先生的入室弟子，一位是西安外國語大學的艾光明先生，另一位是西北大學的吳江先生。同時期還有張伯友成為了侯轉運先生的弟子。1991年，在陝西省氣功學會做報告和交流時，吳江看到了侯轉運先生和張伯友的打手表演，當時他表示願意拜侯轉運先生為師，後來經過跟侯先生一段時間的太極拳學習，侯先生從各方面瞭解了他，遂收他為入室弟子。當時遞貼拜師的還有朱小利、郭東升、侯憲君，跟侯先生學拳的學生則有張銀生、何建西、王東亮等。

之後，吳江與西北大學習武會聯繫，侯轉運先生和弟子們在那裡舉行了一次太極拳報告會和打手演練，報告會結束後，習武會會長張金國和他的幾位同學，找侯先生來交流切磋，被侯先生折服，張金國一定讓侯老師在西北大學長期開班。就這樣，侯先生開始在西北大學開班傳授太極拳。在開班期間，遞帖拜師的有薛益民、張金國、黃青峰、紀凡。在西北大學開班後，同學們一致反映學習效果很好，因而侯轉運先生被西北大學習武會聘任為習武會顧問兼太極拳總教練。

侯轉運隨後又被西安交通大學武術總會秘書長陳慶悅邀請前去作報告和交流會，在學生大禮堂來聽報告的人很多，很多學生都站在走廊裡聽。當時和侯先生一道去的人有王長庚、李延慶、弟子艾光明和吳江。在報告會上，侯先生給同學們做了太極拳實戰演練，台下同學對侯先生的太極功夫非常認同並受到鼓舞。報告會結束後，武術總會在校體育場內舉辦太極拳學習班，報名的人數達到數百

人，當時校報來了多名記者對此事做了報導，這是西安交通大學建校以來學習太極拳人數最多的一次。侯轉運先生被西安交通大學武術總會聘為武術總會名譽會長。

在西安交通大學開班時，陝西機械學院（現西安理工大學）武術協會幾位同學來交通大學與侯先生聯繫，邀請侯先生去他們學校作報告會和開辦太極拳學習班。侯轉運先生隨後在機械學院也開辦起了太極拳學習班，後被陝西省機械學院武術協會聘為武術協會名譽會長兼武術總教練。在這段時間裡，侯先生和弟子艾光明還被西北農業大學氣功協會邀請前去做過報告會。之後侯先生被陝西省第五屆高等院校大學生武術邀請賽聘為大會名譽主席。

3. 太極功夫在散手實戰中的體現

1992年春，侯先生在興慶公園三八林給張銀生、艾光明、朱小利等弟子傳授太極拳時，來了一位年齡在20多歲的小夥，他自稱是在公安局工作的一位司機，特別喜歡武術散打，已經練習多年，他提出想和侯先生交流一下，侯先生讓他隨意出拳，他一記右直拳迅猛地向侯先生左臉擊來，只見侯先生出左手將對方來拳擋於左臂之外，同時身體向前，屈左肘直擊，正中對方胸部，他仰面倒地，半天爬不起來。侯先生一招制敵，令對方佩服不已。

1995年夏，西安市東郊一位練了多年功力拳的王姓武師慕名前來切磋。但見這位王師傅雙拳上下翻飛，攻勢凌厲異常。侯先生只進不退，在間不容髮之際避過對方來拳，一記右擺拳，擊在王師傅的左脖頸，王師傅應聲倒

地。起身之後，連聲「慚愧」，他多年苦練的硬功夫，罕逢對手，今天不曾想如此一招就落敗，真是天外有天啊。

1996年夏，來自德國柏林的邁克爾先生經人引薦見到了侯先生。邁克爾先生曾取得過德國自由搏擊競賽優異成績。他的直拳、擺拳、勾拳、側踢、左右旋踢等均十分熟練到位，且身高力猛，故而其十分自信。

在侯先生家中，侯先生讓邁克爾隨意出手，邁克爾就一個右直拳隨身而進，直奔侯先生面門而來。侯先生則迅即上右步並左側身，同時右拳擊打在邁克爾的右臂上，將邁克爾的右直拳擊打在外，侯先生並未停止，右手以拳背砸向邁克爾的額頭，如電光石火一般，邁克爾的頭部中了一拳，他不由自主倒退了一步，但其反應很快，迅即起右腿向侯先生踢來，侯先生隨即身體右轉，雙掌齊出，推在邁克爾的腿部，邁克爾站立不住，砰然摔倒在地。邁克爾站起後雙手抱拳，連聲說道：「中國功夫，太好了！」深表心悅誠服。

2001年夏，侯先生正在興慶公園沉香亭和袁光年、宋蘊華、劉天才等拳友聊天時，來了一位身高1.8米左右的外地人，年齡大約40歲左右，他自稱來自山東，愛好武術太極拳，曾多次聽說西安趙堡太極拳有一位侯轉運老師的太極拳法不錯，來西安出差，借這次機會想認識和拜訪一下侯老師，幾個拳友告訴他，這位就是你要找的侯老師。當時他很驚喜地上前和侯先生握手，並說今天很榮幸能夠見到侯老師。隨後侯先生和他談起了太極拳的拳理、拳技，他聽完後提出想和侯先生打手，侯先生當時很高興

地就答應了。

　　在打手時，他剛想用勁就被侯先生一個返折疊勁將他摔倒在地。他從地上起來後，感到整個右手臂都很疼痛，不禁從內心而感折服，這位山東大漢連聲說：「沒想到侯老師的太極勁道如此神速。」

4. 全身心地致力於太極拳的教學推廣

　　侯先生從不擺架子，他平易近人，對每一位來訪者都熱情接待，就像對待多年的朋友一樣。他詼諧幽默，談笑風生，使每個人都感到心情舒暢，相互之間都暢所欲言。大家既佩服侯先生的高超上乘武功，又為他的謙遜、開朗、詼諧的性格魅力所傾倒。

　　侯先生在教拳中，能夠以非常通俗的語言和淺顯的形象比喻來解釋說明拳架及打手的動作，令學者覺得生動而親切，形象而易懂。因此多年來跟從侯先生學習太極拳者紛紛不斷，侯先生總是耐心指導，使從學者學有所成。他常說：「讓每一個學生都能學到真東西，讓他們確實感到有所收穫，這就是我的最大心願。」

　　二十多年來，侯轉運先生以西安為大本營，在全國各地廣泛傳播太極拳，而今弟子已遍佈海內外各地，有來自加拿大、澳洲、德國、日本、新加坡、韓國等國家的太極拳愛好者，也有來自包括北京、天津、長春、哈爾濱、成都、廣東、廣西、福建、山東、山西、陝西、浙江、新疆等全國各地的太極拳愛好者，至今慕名前來學習者仍接連不斷，侯先生的弟子可謂桃李滿天下。

　　侯先生精湛的太極拳功夫和事蹟日益為社會各界人士所傳揚，《中國太極拳大百科》、《中國太極拳大辭典》、《華夏名人錄》、《三秦名人錄》、《武當》、《氣功與健康》、陝西電視臺、西安電視臺、西安廣播電臺等書刊雜誌以及國內外多家傳媒曾多次予以刊載、宣傳和報導，慕名前來訪問者絡繹不絕，侯轉運先生均予以熱情接待，相互切磋並給予指導，深受廣大太極拳愛好者的推崇與尊敬。侯轉運先生曾經被省內外武術團體聘為西安市武術協會委員、武術教練，陝西省高等院校科技開發集團智慧研究所首席顧問，西安氣功武術館館長兼總教練，唐都武術館顧問，西安中國太極拳研究會會長，西安東方氣功學校副校長，廣東惠陽太極拳研究服務中心理事長兼總教練，陝西省氣功抗癌康復中心副理事長，陝西省癌症患者俱樂部副主任，華山秘功研究組特邀研究員，並且許多單位特邀聘請侯先生任名譽會長、顧問或客座教授。

　　2006年1月，廈門康寶萊生物工程有限公司負責人邀請侯轉運先生前去公司傳授太極拳；2006年，陝西省仿生醫學研究院特聘請侯轉運先生為「康復保健中心」主任。

　　2006年5月，西安外國語大學太極拳協會邀請侯轉運先生前去開辦太極拳學習班，同時被聘請為西安外國語大學太極拳協會名譽會長兼總教練；同年在陝西廣播電視大學武術協會的邀請下，侯轉運先生前去該校開辦太極拳學習班，同時被聘請為陝西廣播電視大學武術協會名譽會長兼總教練。

　　2006年9月，由侯先生親自主持和弟子一起創辦了中

國侯氏太極拳推廣發展中心，本中心是推廣傳播武當傳統太極拳的專業教學、培訓機構。同時又創辦了中洲武當太極學社，由數名太極名家主持太極文化專業研修會，開設「太極拳理論」、「易經」、「道德經」等理論課程，定期舉辦學術交流活動。

2007年3月，侯先生應香港「回歸杯」第五屆國際武術節邀請，率團參加「回歸杯」第五屆香港國際武術節，榮獲一金二銀二銅及優秀獎三名。

2007年5月12日至21日，侯氏太極拳推廣發展中心接受主辦單位陝西省國土資源廳、陝西省人民政府參事室聘請，由侯先生擔任安保部部長，承擔由陝西省觀賞石協會承辦的「2007西安奇石博覽會」安全保障工作，因圓滿完成任務而受到聘請單位的高度稱讚。

2007年6月，中華武術總會開展組織整理優秀民間傳統武術活動，武當傳統太極拳經由侯轉運先生講解演示，由俏佳人文化傳播有限公司製作出《武當趙堡承架三合一太極拳》光碟一套，包括《侯春秀趙堡太極拳法》、《打手技法》、《實戰應用》共三張。由齊魯電子音像出版社出版，經全國新華書店統一發行。

5. 侯轉運的高深太極功夫

（1）對拳架運用熟練到位

武當傳統三合一太極拳共計七十五式動作，侯先生對每式動作的理解與運用都達到高水準。在常人看來很平常的一個動作，經侯先生解釋和運用，立刻變成了凌厲的殺

手，一旦運用，令人心驚膽寒，甚至就連「起勢」、「收勢」這些被一般人認為沒有什麼技擊功能的動作，在侯先生那裡都成了高水準的技擊手段，真是令人匪夷莫思。侯轉運先生可以在打手與實戰搏擊中隨心所欲地運用七十五式中的任何一式，並且招招制敵。

（2）渾厚的太極整體內力

經過三十多年的不間斷修煉，侯先生的太極內功已達整體渾厚之境界，隨意一個動作，都是一動百動，顯示出和合凝聚的整體內勁；隨意一個姿勢，都是綿裡裹鐵，體現出內勁透達；不經意間的一拳一掌，均隱含雷霆萬鈞之意。在與人搏擊時接手的一瞬間，就可內勁爆發，發人於丈外。凡與侯轉運先生打手者，均感侯先生之力難以捉摸，說有就有，說無就無，瞬息變化，無蹤可覓。看似毫不著力，突然堅硬如剛。侯先生在隨意一個動作中，可使內力透達全身，其拳、掌、腿、腳的使用，猶如鋼筋鐵棍。故與侯先生進行散手搏擊者，均感侯先生是「出手如紅爐鐵，人莫敢挨之」。

侯先生認為，太極內力就其本質不應該是所謂丹田之力，而應該是骨髓之力；不僅是在脊椎，而且充盈於全身筋骨之中。其內家真力來自數十年如一日的朝夕盤打的拳架訓練。由於拳架訓練的特點在於「鬆、柔」、「用意不用力」、「圓形、圈形運動」，故而才能達到「內斂於髓」的最終結果。侯先生由此而得出「內家功夫在骨髓而不在於丹田」的結論。正所謂：「極柔軟然後極堅剛，致圓形而達內家力」。

（3）無與倫比的「閃電手」速度

侯先生的反應能力似乎來自於先天素質，加上他幾十年的太極訓練，其動作的速度達到了極其迅捷的程度。凡與之搭手者莫不驚歎其「閃電神手」。在打手中，若你要擒拿他，必被他截住；但他要拿你，你絕對跑不了。在散手搏擊中，侯先生總是後發而先至，遲出而先到，使人傾跌而落敗，做到了太極功夫的「彼不動，己不動；彼微動，己先動」。

當有人問到侯先生的動作速度何以如此快捷，侯先生說：「世人誤以為以快速動作訓練的方法方能致快，其實不然，實際上，極緩慢然後才能達到極神速，極細微然後才能有整體，極凝聚然後才能有爆發。」

侯先生在練習拳架時，充分體現出緩慢、細微、凝聚，正是「反者道之動」，易道太極的相反相成的方法在這裡得到了充分的體現。

（4）「落空」、「放空」的「打空」戰術

太極拳散手戰術的根本究竟是什麼？侯轉運先生認為歸根到底就是一個「空」字。當年侯春秀先師在總結太極拳戰術應用時曾說過一句名言：「打重不如打輕，打輕不如打空。」侯轉運先生從小深受「打空」思想的薰陶，對「空」有獨特的理解，並體現在打手及實戰的具體運用上。當對方一旦襲來，將其力瞬間化解並使其落空，即「引進落空，牽動四兩撥千斤」。

「放空」的意思是，在對方感到「落空」，心中暗叫不妙時，已被借力使力，凌空拋出。跟勁好的人被「放

空」之後尚可保護自己，跟勁差的人就可能受傷。

由於侯先生極善於「引進落空」和「打空」，所以一般人跟侯先生打手都不敢用力。當然，在訓練中侯先生都是點到為止，既能讓對方感受到某種勁力的效果，又不會使其受傷。

侯先生經過多年的探索，已摸索出一套行之有效的訓練方法，可在短期內使受訓者掌握「放空」的戰術技巧。凡受訓者一旦學習掌握了這一技巧後，都感到非常的興奮，且深感太極功夫的不可思議，其太極拳水準便達到了一個新的境界。

（5）「無招勝有招」的意念功夫

侯轉運先生認為，在練拳初期，丁是丁，卯是卯，沒有規矩，不成方圓。對初學者一板一眼，嚴格要求，紮實訓練。當練到一定水準後，就開始有了一定的靈活性，這時需要舉一反三，融會貫通。

練到高水準後，「不求形骸似，但求神意足」。此神意者，乃是多年訓練而形成的一種高度協調的自我整體感受，是一種自我生命體驗的巔峰感受。這時，「借假修真」階段已經完成，潛意識靈魂已然達到「悟真」修證階段，一舉手，一抬足，無論是對自我，還是對對手，均感洞若觀火，心中自明。這時，已無所謂練，也無所謂打，練即打，打即練，打練合一；隨心所欲，舉手投足皆成章法；捨己從人，超越規矩，打破形式，神行合一。這時，無招勝有招，無限勝有限，從而臻於太極功夫「拳無拳，意無意，無意之中見真意」的上乘境界。

6.　繼承、創新與發展

侯轉運先生的太極功夫達到了出神入化、爐火純青的高級水準，已成為中國當代太極拳的一代大師。

今天，為能夠造福於更多的百姓，為使各界人士都能因習練太極拳而具有健康的體魄，並由此能夠更深切地體會、理解並應用博大精深的中華優秀文化，侯先生親自主持成立了侯氏太極拳會，向社會各界推廣普及武當傳統三合一太極拳，以繼承張三豐祖師、王宗岳、張敬芝、侯春秀等歷代宗師的一脈傳承，並將引領著太極拳事業的繼續蓬勃發展，使三合一太極拳在中國和世界上得到更大的發揚和傳播。

後　記

中國武術，姹紫嫣紅，爭奇鬥豔。歷經上下一萬年以來的發展史，形成了各具特色的功夫門派。但總的來說，無非是內家和外家兩大派別。少林武術以其剛猛而聞名於天下，「外練筋骨皮，內練一口氣」，成為典型的外家功夫；而武當山的武當派功夫，則以放鬆、柔和、安靜、以意承先、用意不用力而成為典型的內家功夫。

自從張三豐祖師六百年前，在湖北武當山建立了道家武當派以後，內家功夫就從武當山逐漸流傳開來。經南北兩條脈絡發展，數百年來，林林總總，分化出不同風格，各具特色的武當內家功夫。而太極拳則是武當內家的高端功夫。六百年前，張三豐祖師因看到世人有練功者，後天之力用之過當，以致傷丹而損元氣，故根據周易太極之道，河洛文化之理，而創出祛病健身、延年益壽、防身護身、高端搏擊的太極拳術。

太極拳無論就其姿勢外形，還是內涵本質，處處暗合圓形之動，時時體現太極陰陽之道：柔順、平和、放鬆、安靜、上善若水、剛柔相濟、以意承先、摒棄後天拙力。其搏擊手段則體現圓形化解、引進落空、四兩撥千斤。

其戰略戰術為以靜制動、後發制人。其內功修煉以鬆沉為本，而體現綿裡藏針、綿裡裹鐵之內家真力。其意念運用為上下相隨、捨己從人。其整體性集中體現於剛柔相濟、陰平陽秘。其內在感受為整勁合一、和合凝聚。其技擊特點在於放長擊遠、中正制勝。其勁勢運用為急毒不覺、變化無端。其不可思議處在於「極柔軟然後極堅剛，極緩慢然後極神速」。太極拳因為符合周易太極之道，故也就是符合天道、地道、人道，符合宇宙、社會、人生的根本規律，故其道理之深，智慧之高，技巧之妙，方法之多，實為中國武術的上乘功夫。

就太極拳之祛病健身方面來看，六百年來，經明、清、中華民國，至新中國成立到今天，無數的案例都雄辯地證明了太極拳獨特的養生健身作用，多少疑難病症得以康復，多少老弱病殘獲得新生。之所以有如此奇妙的養生功能，就因為一則在於太極拳符合宇宙最根本的對立統一規律，二則因為太極拳放鬆、安靜、柔和的圓形運動，男女老幼皆可習練，各類病患者均能受益，故成為多數中國人追求健康長壽的首選鍛鍊方法，太極拳也就成為今天全民健身運動的有價值的主要養生健身方法。

就太極拳的社會價值來看，一則其道理為周易太極文化，而太極圖的本質不僅在於以形象體現了宇宙人生社會的根本規律，而且太極圖也同時以形象體現了中國人特有的和諧文化。一個圓圓的圓圈，一條S曲線橫貫，而且陰中有陽，陽中有陰，圓滿和合，彰顯和諧，「一陰一陽謂之道」，可以全息地理解天與地、人與自然、人與社會、

人與人、人與自身、靈與肉、硬體與軟體的和諧。因太極
文化是中國文化的本質、核心、源頭、高端，故中國文化
的本質也就是和諧文化。

　　二則習練太極拳者，放鬆安靜、心平氣和，有利於自
身身心和諧，也有助於促進人際關係的和諧，人與人之間
的和諧，也突顯出人與自然的和諧。這種文化精神中的和
諧本質成為超時代的永恆啟示，成為指導構建和諧社會、
和諧世界的最高指導思想，成為救治今日社會弊端，挽救
心靈困惑的靈丹妙藥，成為指導人類未來的高端智慧，成
為指引社會發展的指路明燈。

　　就其搏擊意義來看，以太極拳的辯證法智慧來指導技
擊，使每一個動作、每一個技巧迅速昇華為合乎宇宙大道
的高端實戰功夫，其內涵深不可測，其奧妙妙不可言。由
於有了周易文化的歷史背景，故太極拳技擊之術直通孫子
兵法、三十六計，與世界上一切高端功夫直接相通，以太
極之妙可以解釋一切搏擊手段，並以高端智慧來重新昇華
它們。一旦理解並掌握了太極搏擊之術，則立即「會當凌
絕頂，一覽眾山小」，透視天下工夫優劣，洞若觀火，立
見高下。故太極拳功夫的普及與連結，將會極大地提高我
國武術的搏擊水準，也會使人類的技擊實戰技巧昇華到更
高的境界。

　　和周易太極之道相比，一切理均為小理，其他道均為
小道。故掌握太極之道，就從根本上掌握了世界根本規律
之大道。張三豐祖師傳承下來的太極拳，不愧是中華太極
文化的明珠，不愧是中華武術的奇葩，不愧是中華傳統文

化百花園中一朵豔麗的花朵，也同時體現了中華民族對於人類的一個偉大貢獻。

張三豐祖師所創的太極拳，在武當山流傳了二百年後，由王宗岳傳到河南溫縣趙堡鎮，在趙堡鎮隱藏了四百年後，在抗日戰爭時期，由武當傳統三合一太極拳傳人侯春秀將其傳到西安，西安是繼武當山和趙堡鎮之後的正宗武當太極拳的又一根據地和大本營。侯春秀先師打破武當傳統三合一太極拳歷代秘不傳人的規矩，第一次把它公開化，廣收弟子，推向社會，向社會各界廣泛傳播。為了紀念侯春秀先師的這一偉大貢獻，故將武當侯氏承架三合一太極拳簡稱為侯氏太極拳。

侯氏太極拳作為張三豐嫡傳正宗太極拳，繼承了張三豐太極拳的原風原貌，特別是繼承了拳架、打手、內功三合一的根本特點，保留並傳承了太極擒拿、反擒拿以及散手技擊的所有精華內容，六百年來，外界鮮有人知，至今除正式入門的弟子外，外界真正瞭解其實質內容的極少。故而，侯氏太極拳作為中國武當太極之上乘絕學，在今天中國走向現代化的過程中，應該走出狹小的歷史圈子，走向社會，走向世界，為中國人民和世界人民帶來健康養生的福祉，為提高人類的道德水準，為構建和諧社會，共建和諧世界而作出它的貢獻。

今天，以當代太極拳大師，中國侯氏太極拳的掌門人侯轉運先生為核心，其眾弟子團結一致，共同弘揚傳統太極拳文化，總結太極拳理論，著書立說，廣泛傳播，造福社會，為中華優秀傳統文化的大發展、大繁榮正在努力奮

門。在繼《侯氏太極拳》一書出版後，本書又把中國太極
拳實戰搏擊的奧妙揭秘於天下。是書的正式出版發行，對
於弘揚中國傳統文化，建設先進文化，推動中華太極文化
新高潮的到來，並以高端的中國文化形象，與世界文化對
話，都將具有重大的現實意義。

　　六百年前，張三豐祖師曾預言：「異日我武當必定大
興。」在經歷了六百年的歷史坎坷後，我們終於迎來了華
夏文明大展宏圖的新時期，太極文化繁榮、明媚的春天已
經來臨了。

　　太極文化以中華為基，傳遍世界，必將與中華民族的
和平發展，與現代化的中國一起和平崛起，造福於全人
類！

歡迎至本公司購買書籍

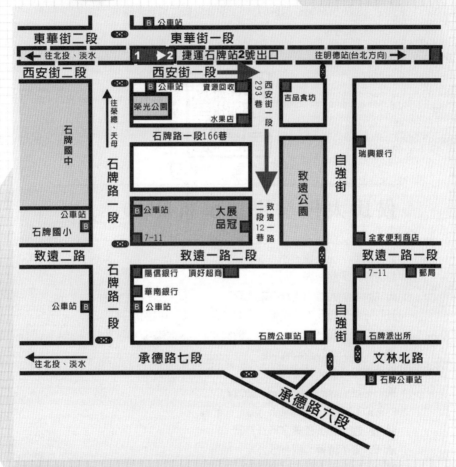

建議路線

1.搭乘捷運．公車

　　淡水線石牌站下車，由石牌捷運站2號出口出站(出站後靠右邊)，沿著捷運高架往台北方向走(往明德站方向)，其街名為西安街，約走100公尺(勿超過紅綠燈)，由西安街一段293巷進來(巷口有一公車站牌，站名為自強街口)，本公司位於致遠公園對面。搭公車者請於石牌站(石牌派出所)下車，走進自強街，遇致遠路口左轉，右手邊第一條巷子即為本社位置。

2.自行開車或騎車

　　由承德路接石牌路，看到陽信銀行右轉，此條即為致遠一路二段，在遇到自強街(紅綠燈)前的巷子(致遠公園)左轉，即可看到本公司招牌。

國家圖書館出版品預行編目資料

侯氏太極拳用法解析／張昱東　艾光明　著
——初版——臺北市，大展，2015〔民104.07〕
　　面；21公分——（武術特輯；154）
　　ISBN 978-986-346-075-6（平裝附數位影音光碟）
　　1. 太極拳
528.972　　　　　　　　　　　　　　104007765

侯氏太極拳用法解析 附DVD

著　　者／張　昱　東／艾　光　明

責任編輯／王　躍　平

發 行 人／蔡　森　明

出 版 者／大展出版社有限公司

社　　址／台北市北投區（石牌）致遠一路2段12巷1號

電　　話／(02) 28236031・28236033・28233123

傳　　真／(02) 28272069

郵政劃撥／01669551

網　　址／www.dah-jaan.com.tw

E-mail／service@dah-jaan.com.tw

登 記 證／局版臺業字第2171號

承 印 者／傳興印刷有限公司

裝　　訂／承安裝訂有限公司

排 版 者／千兵企業有限公司

授 權 者／山西科學技術出版社

初版1刷／2015年（民104年）7月

定　價／380元

大展好書　好書大展
品嘗好書　冠群可期